JN088167

全図解

中谷昌文

馬場 滋

中小企業のための

SDGs

導入・実践マニュアル

Practical Manual
for Small- and Mid-sized Business
to Introduce and Practice SDGs

日本実業出版社

はじめに I 　中谷昌文

　皆さん、数ある書籍の中でこの本を手に取ってくださいましたことに心より感謝を申し上げます。私はなぜ今になってSDGsの本を出版したのか？　おそらく世間的には、遅すぎる！という声が、あるかと思います。私がSDGsを知ったのは2018年頃です。25年以上活動を続けてきた「タイガーマスク運動」ランドセル基金に、SDGsの目標4「質の高い教育をみんなに」を取り入れて行こうと決めたことから、SDGsの勉強を始めました。調べてみると、1972年に「人とかけがえのない地球」をテーマに、世界114カ国が参加した国際連合人間環境会議がスウェーデンのストックホルムで開催されていました。もう50年前から人や環境についての活動がされていたのです。2000年にはミレニアム開発目標が掲げられ、開発途上国の貧困・教育・健康・環境を課題に8つの目標を掲げ、2015年まで問題解決に取り組んできました。これがMDGs〜エムディージーズ〜です。

　しかし、改善はされたものの、一部では「取り残された人たち」の存在が明らかになりました。MDGsが終わりを迎える頃には、明らかになった課題の解決策と、国と国の目標からさらに視野を広げて、政府・企業・私たち一人ひとりの問題として掲げられました。2015年9月にニューヨークの国連本部で開催された「持続可能な開発サミット」で、「誰一人取り残さない」をテーマとして掲げられたのが、17の目標があるSDGs〜エスディージーズ〜なのです。すでに大手企業ではCSR「企業の社会的責任」の取り組みにSDGsを掲げていますが、小さな規模の会社ではなかなか浸透しておらず認知度の格差を感じます。多くの人々も「何となく知っている」程度で知名度のなさに驚きました。これを何とかして、もっと身近に取り組んでいけるように、本書ではSDGsの内容をシンプルに簡単にわかりやすいようにまとめました。様々なコンサル経験を持つ馬場滋氏と、ボランティア活動35年以上の体験の私が、パートナーシップを取り、この書籍を書きあげました。

　さあ皆さん！　私たちの暮らす地球の未来のためにこの扉を開いて見てください！　きっと、あなたから始まるSDGsの扉があるはずです。

はじめに Ⅱ　　馬場　滋

　数学が大好きで、理科系を目指し、大学では資源関係の学科に入り、試験管と顕微鏡に囲まれる毎日を過ごしていました。金属関係の研究職に内定していたのですが、4年間席を並べていた友人がマスコミを受けると聞いて、興味半分で入社試験を受けました。その彼は、コネで無事入社。私は二次試験で終了。悔しさもあり、その後数社受けたのですが、すべて不合格。ようやく、内定を頂いたのは、最初の試験を受けてから1カ月以上後でした。白衣の人生か、何もわからない世界に飛び込むのか、悩んで後者を選択しました。それから40年以上経ちました。マスコミに入って良かったと思っています。多くの方に出会い、色々な経験をさせて頂きました。たった一度ですが、夜の靖国通りでメンバーから胴上げをしてもらったこともありました。

　数年前からSDGsを専門に研究しています。最初は右も左もわからず、猛勉強し、色々な方に話を伺いました。気になったことが3つありました。1つ目は、SDGsは2030年という期限がある単なる一時的なトレンドだと思われていること。SDGsは一時的なトレンドではありません。SDGsという概念は地球が存在する以上、未来永劫必要なものであり、現在のSDGsは2030年で区切りがついたとしても、次のSDGsが間違いなく提唱されます。2つ目は、自分には関係ないと考えている方、今はやる必要がないと思っている方が非常に多いこと。そして3つ目は、情報の格差です。

　特に中小企業の方々には、SDGsに関する情報が届いていませんし、誰に相談して良いのかもわからないのです。結果的に、SDGsに着手していない。着手できない。それが現実なのだということを実感しました。

　中小企業の皆さんのお役に立てればと思い、ペンを取りました。お読み頂くだけでなく、なるべく多くの方に実感してもらい、行動に移して頂くことを前提として構成しています。1年後、この本を手に取って良かった、そう思ってもらえることを願っています。

Contens 目次

STEP 01 SDGsを学びましょう、実感しましょう、話しましょう

STEP 02 あなたの会社の SDGsチェックを行ってください

STEP 06 SDGsプロジェクトを定め、
ゴールとスケジュールを設定しましょう

カバー・本文デザイン／木下芽映（bud graphics）

編集協力／上平薫里

本書の構成

　SDGsは、世界の行動目標でしょう。それはわかるのですが、中小企業のうちが、なぜやらなくてはいけないのですか。その質問をよく頂きます。その際、私は「**あなたの会社の未来のために始めましょう**」とお答えしています。

　結果的に遠い国の恵まれない子供たちの役に立つかも知れません。でもあなたがSDGsを始めるのは、あなたのため、あなたの会社の未来のため、そう割り切って良いと思います。

　本書は、実践書です。自分の会社でSDGsをどう進めれば良いのかを理解し、実践して頂くための教科書です。SDGsの解説書ではありません。「SDGsって何?」「SDGsの本質を知りたい」という方のための本は目指していません。

　中小企業の皆さんの多くが、SDGsをやらなければならないのに、どうして良いかわからないと悩んでおられることを実感し、本書を企画しました。

　右ページに示したのが、進め方のチャートです。このチャートは、私が経験に基づいて作成したものです。チャートの流れに沿って、可能な限りわかりやすく、図も交えてお伝えして参ります。

SDGs進め方チャート

STEP 1　**SDGsを学びましょう、実感しましょう、話しましょう**

STEP 2　**あなたの会社のSDGsチェックを行いましょう**

STEP 3　**何のためにSDGsに取り組むのかを明確にしましょう**

STEP 4
**SDGsチームをつくり
社内の意識を向上させましょう**

STEP 5
**会社のパーパスを
明確にしましょう**

STEP 6　**SDGsプロジェクトを定め
ゴールとスケジュールを設定しましょう**

STEP 7　**あなたの会社のSDGsプロジェクトを
社内外にアウトプットしましょう**

STEP 8　**SDGs視点で2045年を想定し
ムーンショット計画を立てましょう**

SDGsはあなたの会社の未来を切り拓きます

SDGsへの思いと
SDGsを始める前に

宇宙に数ある星の一つ。それが地球です。

しかし、私たちは地球以外の星の生物の存在を知りません。

もしかしたら、

私たち人間は、この広大な宇宙の中で

ただ一つの、文明を持った存在かも知れないのです。

地球には、水があり、空気があります。

だから、生物が誕生しました。

その奇跡の地球に、私たち人間は生まれました。

大自然があるからこそ、私たちは暮らしていけるのです。

魚が泳ぎ、動物たちが走り回り、

樹木が育ち、草木が芽を吹き、花が咲き、実となります。

地球上のあらゆる生物が

お互いの存在があるからこそ、生きていけるのです。

人間も、植物も、虫も、魚も、みんな地球の一員です。

奇跡の地球で、奇跡のバランスがあるから

私たちの生命は存在するのです。

地球という星に生まれたことは、本当に幸せだと思いませんか。

地球は46億年前に誕生したと言われています。

地球に人間に近いものが誕生したのは800万年前。

火をつかい始めたのが150万年前。

西暦という考え方ができたのは、約2000年前。

そして、地球破壊の原点となった産業革命は約200年前。
たった200年で地球を大きく変えてしまいました。
産業と経済の発展、それだけを世界中が追い求め、
人間という、地球上のたった一種類の生物が
地球を壊そうとしているのです。

現在地球上には、約80億人の人たちが暮らしています。
しかし、未だに多くの地域で争いが絶えません。
一年中、飢えに苦しむ人たちや
水を汲みに行くだけで一日が終わり、
学校にも行けない子供たちも、たくさんいます。
世界中の人たちが、平和で安定した暮らしを望んでいるのに、
現実には、解決しなければいけないことばかりです。

ようやく、私たちは気づきました。
地球という星を守らなければならない
地球上の多くの問題を減らしていかなければならない
そのためには、誰一人も取り残してはならない
世界中が一つになって、一つの方向を目指さなければならない
それがSDGsなのです。

私は、SDGsを一言で表すと
「思いやり」ではないかと考えています。
地球への思いやり、
周りの人たちや、あらゆる国の人たちへの思いやり。

まずは、思いやりという心を胸に
SDGsを始めてみませんか。

SDGsの基本だけは
お伝えしておきます

　SDGsは、「Sustainable Development Goals」の略称です。日本語で**「持続可能な開発目標」**と表記されています。2015年9月の国連サミットにおいて、国連加盟193カ国の満場一致で合意されました。

　「No one will be left behind〜誰一人取り残さない〜」を理念とし、2016〜2030年の15年間で達成するための、全世界共通の行動計画であり、17の目標と、それらを達成するための169のターゲットで構成されています。

　日本国も、各行政も、多くの上場企業もすでに取り組みをスタートしています。しかし、**大企業では、過半数の企業が積極的に取り組んでいるのに対し、中小企業では、3分の1強の企業しか積極的な取り組みを行っておらず、過半数の企業が取り組んでいません。**

　私はSDGsの実践研究家として、毎日SDGs関連の書籍を読み、SDGs関連のサイトを閲覧し、SDGs関連の書類を作成し、SDGsに関わる方たちと会い、SDGsの講演を行っています。その毎日を過ごす中で、思いました。もっとSDGsを広く、自分事として捉えて頂かなくてはならない。そのためには、一歩進んだ、一般の方、普通の方に伝える方法を考えなくてはいけないと。

　2015年、新型コロナウイルス感染症は、地球上に存在しませんでした。しかし、あっという間に世界中に拡がり、今でも命を絶つ方が世界中に大勢いらっしゃいます。また2022年2月、ロシアによるウクライナ侵攻が始まりました。まちなかに残った惨状を見て、少しでも私にできることはないかと思った方も多いと思います。**地球のどこかで起きたことが、あっという間に世界中に拡がる時代です。私たちは、日本人であると同時に、地球市民です。SDGsを自分事として捉えてみませんか。**

MDGs以降、SDGsの根底になった3つの問題

※MDGs＝ミレニアム開発目標

環境問題	・地球温暖化のさらなる進行 ・エネルギー問題の深刻化 ・自然災害の増加・水問題の深刻化 ・生物多様性の喪失・気候変動の激化
社会問題	・貧困問題 ・（コロナなどの）感染症の流行 ・教育機会の不平等・世界レベルでの人口爆発 ・様々な差別とハラスメント ・IT格差の進行 ・紛争の長期化と複雑化・少子化と高齢化
経済問題	・経済危機の頻発・若年失業率の高さ ・雇用なき都市化の進行・社会福祉財源の不足 ・経済格差の拡大

　従来、感染症は「エイズ」「結核」「マラリア」が世界の三大感染症と言われていましたが、そこに新型コロナ（COVID-19）が加わりました。下のグラフは日本企業のSDGsへの取り組み状況です。

■積極的　■取り組んでいない　　言葉も知らない　　わからない

大企業	55.1%	37.3%
中小企業	36.6%	53.2%
小規模企業	31.6%	55.0%

0　　　20　　　40　　　60　　　80　　　100

〈出典：2021年7月株式会社帝国データバンク調査〉

SDGs以前にあったMDGsと
SDGsの違いも知っておきましょう

　SDGsの前身で、MDGsという目標がありました。MDGsとは、
「Millennium Development Goals」（ミレニアム開発目標）の略称であ
り、2001年〜2015年の間で下記の8つの目標が掲げられました。

MDGsの8つの目標
1. 極度の貧困と飢餓の撲滅
2. 普遍的初等教育の達成
3. ジェンダーの平等の推進と女性の地位向上
4. 乳幼児死亡率の引き下げ
5. 妊産婦の健康状態の改善
6. HIV/エイズ、マラリア、その他の疾病の蔓延の防止
7. 環境の持続可能性確保
8. 開発のためのグローバル・パートナーシップの推進

　MDGsに取り組む前の1990年には、極度の貧困に苦しむ人々の割合は
世界の人口の36%を占めていました。MDGsの取り組みが始まり、2015年
までの15年間で、約12%まで減少しました。10億人以上の人たちが極度
の貧困から脱したのです。子供の死亡率も半分以下に減少しました。

　しかし、途上国への支援が主な内容だったため、先進国が積極的に参
加しなかったという課題が残りました。そこで世界中の国が取り組むべく、
世界共通の目標とし、経済・環境・社会の3側面を取り入れたSDGsが新
たな目標として掲げられたのです。

MDGsとSDGs

MDGs
- ミレニアム開発目標（2001年〜2015年）
- 8つの目標 ● 21のターゲット
- 開発途上国の目標 ● 国連の専門家主導で策定

 1 極度の貧困と
飢餓の撲滅

 2 普遍的初等教育の
達成

 3 ジェンダーの平等の推進と
女性の地位向上

 4 乳幼児死亡率の引き下げ

 5 妊産婦の健康状態の改善

 6 HIV/エイズ、マラリア、
その他の疾病の蔓延防止

 7 環境の持続可能性の確保

 8 開発のための
グローバル・パートナー
シップの推進

SDGs
- 持続可能な開発目標（2016年〜2030年）
- 17の目標 ● 169のターゲット ● すべての国、世界共通の目標
- 国連全加盟国で討議・策定 ● 企業の果たす役割を重視

〈 許諾 :https://www.un.org/sustainabledevelopment/
The content of this publication has not been approved by the United Nations and
does not reflect the views of the United Nations or its officials or Member States. 〉

中小企業の皆さん、
元気になりましょう

中小企業の経営者の方にお会いして、「SDGsをどのようにお考えですか?」とお聞きすると、ほとんどの方から、次のような回答が返ってきます。

SDGsって言葉、最近よく耳にするけど、**正直よくわかっていません**。国連が決めて、世界中でやっていることでしょう。国や自治体や大企業がやれば良いのではないですか。うちみたいな中小企業は、そんなことやっている時間もお金もないし、**やる意味あるのですか**。第一、**どうやって始めて良いかわからないし**。これにお答えしたいと考えました。自分もやらなくてはいけないし、明日から始めようと思ってください。

1 よくわからない

書店に並んでいる、SDGs入門書の多くは17の目標の解説に終始しています。「貧困」「飢餓」「水」、確かに重要な問題です。しかし、それを日本の中小企業の方が読んでも、ピンとくるわけがありません。遠い世界の出来事だからです。日本人、それも中小企業の視点で書くべきであると考えました。

2 やる意味があるのか

中小企業は、始めようと思ったら明日からでも始められるし、数えきれないほどのメリットが生じます。右の図をご覧ください。日本の企業数については99.7%が中小企業。全就業人口の約7割が中小企業で働いています。ただし、加価値額は大企業の約4割です。SDGsが実践できれば、その距離は間違いなく縮まります。中小企業が元気になれば、日本は元気になれるのです。

3 どうやって始めるのか

私のモットーは、「SDGsの評論家にはならない。地に足をつけたSDGs実践家になる」です。評論家になるつもりは毛頭ありません。本書はここに最も注力して、図解でわかりやすく説明しています。

中小企業の現状

業種分類	中小企業基本法の定義
製造業その他	資本金の額又は出資の総額が3億円以下の会社又は常時使用する従業員の数が300人以下の会社及び個人
卸売業	資本金の額又は出資の総額が1億円以下の会社又は常時使用する従業員の数が100人以下の会社及び個人
小売業	資本金の額又は出資の総額が5千万円以下の会社又は常時使用する従業員の数が50人以下の会社及び個人
サービス業	資本金の額又は出資の総額が5千万円以下の会社又は常時使用する従業員の数が100人以下の会社及び個人

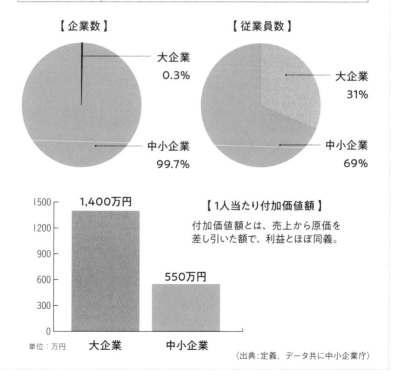

【企業数】

大企業 0.3%

中小企業 99.7%

【従業員数】

大企業 31%

中小企業 69%

【1人当たり付加価値額】

付加価値額とは、売上から原価を差し引いた額で、利益とほぼ同義。

1,400万円

550万円

単位：万円　大企業　中小企業

〈出典：定義、データ共に中小企業庁〉

SDGsを学びましょう、
実感しましょう、
話しましょう

STEP
01

SDGsを学びましょう、実感しましょう、話しましょう

　「SDGsって、いったい何なの？ 結局、何をすればいいの？」と、多くの方から、質問を受けました。

　SDGsを自社で始めるために、まず中小企業の皆さんにSDGsを理解し、納得して頂かなくてはいけません。

　ファーストステップとして、まずはSDGsを学んでください。学んで頂く際に、理解しておくべき関連用語を6つピックアップしました。ただし、本書はSDGsの解説書ではありません。あくまで日本企業が実践するSDGsという目線で選択しました。

　おそらく、通常の解説書では、包摂的とか、利他の心といったワードは出て来ないでしょう。「包摂的」、SDGsで初めて出会ったワードです。正直、今でもなぜこのワードをつかっているのか不思議なくらいです。「利他の心」、これはどうしても私がお伝えしたくて選定しました。日本人が本来持ち合わせている理念だと思っています。SDGsの原点です。

　どの解説書を読んでも、どのメディアを見ても、17の目標のロゴマークと、このロゴマークに書かれている文章だけが独り歩きしています。これでは中小企業の皆さんに届くと思っていません。私は、「日本人に届くSDGsの日本語意訳」が必要であると考えました。そこで、SDGsの基本となっている17の目標を、日本の中小企業という視点で捉えた場合どうなるのか。何をすれば良いのか。それをこの章で解説します。

STEP1 で目指したいこと

SDGsとは、何なのか。何を言おうとしているのか。
何を目指しているのか。それを理解しましょう。

STEP1の流れ

大丈夫です。SDGsを始めれば、1年後には、会社の未来が見えます
まずはSDGsを始めてみようという気持ちになることです

可能な限り、本を読み関連サイトを閲覧しましょう

自治体や町内会、金融機関にも相談してください

捨ててほしい固定観念があります

	ESG経営
	サステナブル
理解しておきたい	脱炭素
SDGsワード	包摂的
	18番目の目標
	利他の心

日本企業にとっての17の目標とは

SDGs17の目標
個々の目標の解説と「日本企業にとっての目標」の提案を行います

改めて17の目標をご覧ください

18番目の目標を考えてみませんか

何事も基本が大事です。
SDGsを学びましょう。そして、理解しましょう。

STEP 01 / 01　大丈夫です。SDGsを始めれば、1年後には、会社の未来が見えます

　　SDGsが万能だとは思っていません。あくまで2015年に国連参加国が満場一致で決めた、世界の約束です。SDGsには下記の要素が含まれています。

- 世界中の皆が平和で幸せになりましょう。
  思いやりを持って、人に接しましょう。
- 社員の働き甲斐がある会社をつくりましょう。
- 経済の成長を目指しましょう。
  SDGsという視点で、経済の発展を考えましょう。
- お住いのまちを大切にしてください。地域の人たちと触れ合いましょう。
- 性別も、国の違いも関係ありません。皆同じ人間です。
  差別をなくしましょう。
- 企業には商品を送り出す責任があり、それをつかう側にも責任があります。
  賢い経営を行い、賢い消費を目指しましょう。
- 人は一人では生きていけません。会社も、取引先やお客様があるから
  生き残っていけるのです。パートナーを心から大切にしましょう。

　　これには、皆さん納得して頂けるでしょう。SDGsを利用して経済を成長させてほしい、すなわちあなたの会社にも、SDGsで儲けてほしいと書かれているのです。

　　もう一つ、皆さんにSDGsを提案する大きな理由があります。

　　SDGsを知ることにより、視点が広がり、あなたの会社や事業を、今までとは違う新しい視点で見ることができるようになります。新規事業や新商品の開発にもつながります。ネットワークやビジネスフィールドの拡大にも寄与します。

　　いかがでしょう。あなたもSDGsを始めてみませんか。

SDGsプロジェクトを始めるにあたって

SDGsをきちんと理解し、納得してください。
社員皆でSDGsの話をしましょう

「SDGsは経営者だけがやれば良い」
という考えは捨ててください

経営者が先頭に立つべきですが、
それより大切なのは全社員が一つになることです

社員の共感を獲得し、
社員自らが考え、自ら動く仕組みをつくってください

そのためにはSDGsになぜ取り組むのか、
何を目的にするのかを、きちんと決めてください

会社として具体的に何に取り組むのかを明確にし、
ゴールとルールとスケジュールを定めましょう

社員の誰もが、SDGsを自分事として捉える
仕組みを考え、実行しましょう

社員全員が一体となって、
目標に向かって歩いて行きましょう

これをきちんと実践できれば大丈夫です。
1年後には、あなたの会社は生まれ変わり、
5年後、10年後の未来も間違いなく見えてきます。

まずはSDGsを始めてみよう
という気持ちになることです

　ここ数年メディアも注目し、毎日のようにSDGsという言葉を耳にされると思います。しかし、国連で採択された2015年からの数年は、ほとんどの日本人は、SDGsという言葉自体も知らなかったのではないでしょうか。正直な話をさせて頂くと、おそらく私も2018年くらいまで「SDGs？ 何それ」、という感じでした。その頃、40年来の友人が、SDGsの担当になったと聞き、ようやく興味を持った次第です。SDGs以前のMDGsという言葉は、SDGsを勉強して初めて知りました。

　そうなのです。これだけSDGsという言葉がメジャーになっても、**周りに誰かSDGsを推進している人や関係している人がいなければ、SDGsは他人事なのです。**
　個人的な感覚ですが、今でも日本人の8割以上は、SDGsが他人事なのではないでしょうか。SDGsはやらなくてはいけないのだろう。そう思う以前に、SDGsは自分には関係ないと考えている方がほとんどではないかと感じるのです。

　世界には貧困もあるかも知れない、飢えている人もいるかも知れない。でも周りにはいないし、教育だって日本人はみんな平等に受けている。「全く、実感がありません。自分には関係ないもの、そうですよね」。そんな方が日本人の大半でしょう。それが悪いというつもりは毛頭ありません。SDGsは他人から強要されてやるものでもありませんし、日本人全員に、明日からSDGsを始めましょうと言うつもりもありません。
　ただ、中小企業は違います。今すぐ、SDGsを学習し、実行に移すべきです。SDGsはあなたの会社の未来を切り拓いてくれます。そんな夢みたいな話はあるのか。そう思われるかも知れませんが、そう思わずに、この先を読み続けてください。その先入観をまず変えてみましょう。

45歳。父親から引き継いだ板金工場の二代目社長。従業員10名。社員の高齢化と、売上の伸び悩みが長年の課題になっている。地元の青年会議所の副会長。

● うちみたいな小さな板金工場、細々とやっていくしかないのだろうな、そう思っていたのですが、SDGs視点ですべての事業を見直してみたら、うちの工場で、別の製品ができることがわかったのです。新規事業ができそうです。

● 先日、SDGsの話を地元の高専の方たちにしました。その後、そこの何人かの学生が、うちの会社でインターンしてみたいと言ってきたのです。これも、SDGsのおかげですね。

52歳。県内に3店舗あるスーパーの1つの店の店長。ご主人が10年前に交通事故で亡くなり、1人で大学生と高校生の2人の息子を育てた、スーパーお母さん。

社長から指示があって、SDGsを勉強したら、うちの店でもできることがたくさんあるなと思いました。

● 食材を載せるトレイを環境にやさしい素材に替えました。

● タイムセールに工夫を重ねて、廃棄する食材を減らしました。

● 近所のこども食堂と高齢者施設に、食材を提供しています。

● ひとり親のお母さんを積極的に採用しています。タイムセールでも残ってしまったものを、持って帰ってもらっています。

可能な限り、本を読み、関連サイトを閲覧しましょう

　当たり前のことかも知れませんが、SDGsの勉強を始めた際に、最初に行ったのは、書店に行って関連書籍を購入し、それらを読破することでした。その行為に、間違いはありませんでした。SDGsって何なのだろうという基本を理解できましたし、同時にこれからが大変だということも理解しました。

　SDGsの背景となった世界がどういう状況なのかも理解できましたし、SDGsが何を目的としているのかも理解しました。ただ、わからなかったこともありました。**自分がこれから、誰に相談し、どうやってSDGsを深めて行けば良いのかがわからなったのです。**

　次に行ったのは、SDGs専門サイトを見ることでした。なぜ専門サイトにしたのかについては理由がありました。例えば、「SDGsと企業」で検索すると、いくつもの検索結果が出てきます。「SDGsを実践した企業6選」とか、「企業とSDGsの関係」などです。参考にはなるのですが、ほとんどのサイトは、5分程度で読み終わってしまうコラム的なものです。特定のポイント（例えば脱炭素）に絞って、そのポイントに対する私見が書かれているだけで、SDGsに対する見識がワンポイント上がるだけです。"ああそうか"で終わってしまうのです。

　検索すればわかりますので、ここで細かな書籍や専門サイトの紹介は行いませんが、「SDGsメディア」「SDGsマガジン」「SDGsナビ」に代表される**SDGs専門サイトは『SDGsを学ぶため』**、各新聞社や雑誌社が運営しているSDGsコーナーは『SDGsに関する事例やトピックスを収集するため』につかうと考えて頂いてよろしいかと思います。**専門サイトは、多くの動画も配信しています。これからSDGsを学ぼうという方は、ぜひご覧ください。**「ああ、こういうことか」という気づきが得られます。

もうお2人、
SDGsを始めて1年後の方に　インタビューしてみました

43歳。両親が引退して引き継いだ理容室を美容室として再スタート。今や従業員5人を抱える人気店に。お客様との会話の中で、SDGsに触れることが多くなり、自分にも何かできることがあるかも知れないと考えた。

● 使っているシャンプーとか、ヘアカラーなどの美容用品をすべて見直しました。
　原材料がフェアトレードなもの、環境にやさしいものだけを選んでいます。
● 店内に「SDGs推進しています」というポスターを貼り、
　お客様とも積極的にSDGsの話をしています。
● 月にⅠ回、訪問美容の日を設けました。お年寄りや身体の不自由な方の
　お宅に訪問してカットし、喜んで頂いています。

60歳。長年働いた地元鉄道会社で一次定年を迎え、その鉄道会社が運営するゴルフ場の支配人に。お客様のため、地元のために何かできることはないかと思い、SDGsを始めた。

● 従業員全員と、コースを回ってプラスチックのティーをすべて拾い、
　予告していた日から木製ティーの使用をお願いしました。
　メンバーの方からクレームがあるかと思ったのですが、
　最終組がスタートした後について行って、
　ゴミやボールを集める、コース美化団までできてしまいました。
● うちのゴルフ場に来て頂いているのは地元の名士ばかりですから、
　必然的に市内でSDGsのブームにつながっています。

自治体や町内会、所属する団体、金融機関にも相談してください

　SDGsの目標達成のためには、地方自治体によるSDGs推進の取り組みも必要不可欠です。そこで国は、SDGsの達成には、個々の地方公共団体が、持続可能なまちづくり事業に取り組むことが重要であるとして、SDGs未来都市構想を推進しています。この取り組みは2018年度にスタートし、現在までに日本全国154の県や市がSDGs未来都市に選ばれています（右ページの表は2019年度〜2022年度を掲載）。SDGs未来都市に選定された都市は、国やステークホルダーと連携して、国に提出した提案内容をさらに具体化し、3年間の実施計画を策定しなくてはいけません。

　この取り組みがスタートしたことにより、自治体のSDGsに対する関心は急速に高まり、国が全国の自治体に対して行ったアンケート結果によると、**「SDGsに取り組んでいる」と答えた自治体は2018年は8.5%だったのに対し、2020年は54.5%に急増。「今後、取り組む予定はない」と答えた自治体は2018年の48.7%から、2020年には4.5%に激減しています。**認知率はほぼ100%であり、おそらく現時点においては、全国のほとんどの自治体は、何かしらのかたちでSDGsに取り組んでいると思われます。

　あなたがお住いの市や町も、きっと何か始めています。窓口に行って、ご相談されてはいかがでしょう。この5年間でSDGs未来都市に選出されていない都市の、青森・山梨・佐賀・大分・宮崎の5県も、真剣に選出を狙っていくものと想定されます。

　同様に、町内会や商店街という単位でSDGsに取り組むケースも増えています。最も有名なのは、福岡県小倉にある魚町商店街で、第3回ジャパンSDGsアワードの内閣総理大臣賞を受賞し、高校の教科書にも登場しています。また、金融機関でSDGsをスタートしていないところはありません。探してみてください。周りには、必ず相談相手がいます。

（2019年度～2022年度）

2019年度		2020年度		2021年度		2022年度	
都道府県	選定都市	都道府県	選定都市	都道府県	選定都市	都道府県	選定都市
岩手県	陸前高田市	岩手県	岩手町	北海道	上士幌町	宮城県	大崎市
福島県	郡山市	宮城県	仙台市	岩手県	一関市	秋田県	大仙市
栃木県	宇都宮市		石巻市	山形県	米沢市	山形県	長井市
群馬県	みなかみ町	山形県	鶴岡市	福島県	福島市	埼玉県	戸田市
埼玉県	さいたま市	埼玉県	春日部市	群馬県	★群馬県		入間市
東京都	日野市	東京都	豊島区	茨城県	境町	千葉県	松戸市
神奈川県	川崎市	神奈川県	相模原市	千葉県	市原市	東京都	板橋区
	小田原市		金沢市	埼玉県	★埼玉県		足立区
新潟県	見附市	石川県	加賀市	東京都	江戸川区	新潟県	★新潟県
富山県	★富山県		能美市		墨田区		新潟市
	南砺市	長野県	大町市	神奈川県	松田町		佐渡市
石川県	小松市	岐阜県	★岐阜県	新潟県	妙高市	石川県	輪島市
福井県	鯖江市	静岡県	富士市	長野県	長野市	長野県	上田市
愛知県	★愛知県		掛川市		伊那市		根羽村
	名古屋市	愛知県	岡崎市	福井県	★福井県	岐阜県	恵那市
	豊橋市	三重県	★三重県	岐阜県	岐阜市	静岡県	御殿場市
滋賀県	★滋賀県		いなべ市		高山市	愛知県	安城市
京都府	舞鶴市	滋賀県	湖南市		美濃加茂市	大阪府	阪南市
奈良県	生駒市	京都府	亀岡市	静岡県	富士宮市	兵庫県	加西市
	三郷町	大阪府	★大阪府・大阪市	愛知県	小牧市		多可町
	広陵町		豊中市		知立市	和歌山県	田辺市
和歌山県	和歌山市		富田林市	京都府	京都市	鳥取県	★鳥取県
鳥取県	智頭町	兵庫県	明石市		京丹後市	徳島県	徳島市
	日南町	岡山県	倉敷市	大阪府	能勢町		美波町
岡山県	西粟倉村	広島県	東広島市	兵庫県	姫路市	愛媛県	新居浜市
福岡県	大牟田市	香川県	三豊市		西脇市	福岡県	直方市
	福津市	愛媛県	松山市	鳥取県	鳥取市	熊本県	八代市
熊本県	熊本市	高知県	土佐町	愛媛県	西条市		上天草市
鹿児島県	大崎町	福岡県	宗像市	熊本県	菊池市		南阿蘇村
	徳之島町	長崎県	対馬市		山都町	鹿児島県	薩摩川内市
沖縄県	恩納村	熊本県	水俣市	沖縄県	★沖縄県		
		鹿児島県	鹿児島市				
		沖縄県	石垣市				

※ 各年度都道府県・市区町村コード順
※ 網掛けは「自治体SDGsモデル事業」選定自治体
※ ★はSDGs未来都市のうち都道府県

〈出典：内閣府地方創生推進事務局〉

捨ててほしい
固定観念があります

　固定観念と似たような言葉に、既成概念があります。既成概念は、「夏は暑い」というふうに、皆がそう思っていて、すでにでき上がっている考え方です。それに対して、**固定観念は、「勝手に自分だけが思い込んでしまっている、主観的な考え」**です。例を挙げてみます。

●儲かっている会社が良い会社だ

　昭和の時代はそうだったかも知れません。今は違います。会社の価値は社会が決めます。**社会的に価値のある会社が良い会社**なのです。利益一点主義だけでは、いつか限界が来ます。

●働いている分に見合うだけ給料を支払えば社員はついてくる

　確かに給料は低いより高いほうが良いに決まっていますが、今の社員は給料だけで会社を判断しません、それ以上に**働き甲斐のある、事業や自分の仕事に誇りが持てる会社**が良い会社なのです。

●うちは運送業だけで20年やって来た、他のことはわからない

　もし津波が来て、所有している10台のトラックがすべて廃車になったらどうしますか。廃業ですか。社員はどうするのですか。今や、「業」という垣根がなくなりつつあります。あなたの会社のヒト・モノ・ノウハウで何ができるのかを考えてみてください。

●現状、そこそこ儲かっているから、新規事業は必要ない

　新規事業はできない、新規事業にチャレンジして失敗したら人と金の無駄遣いだ。本当に社員もそう思っていますか。固定観念に捉われた頑固親爺は、これからの時代、会社の経営には向いていないように感じます。**新規事業が必要ないと思い込んでいるのは、失敗することが怖いから**であり、どうやって始めれば良いのかがわからないという事実を、社員に知られたくないことの裏返しなのではないですか。社員を引っ張っていくリーダーシップはもちろん必要ですが、それ以上に情報に敏感になり、新しいことにチャレンジするリーダーになってください。

まちの牛乳屋さんの固定観念

2019年時点で、業界最大手明治乳業では、約3000の販売店が250万軒の宅配を行っているそうです。ピークは1970年代で約350万軒だったそうですが、スーパーとコンビニが増えて、1980年代に約120万軒まで落ち込み、1990年代に宅配専用商品をつくって営業力を強化して、また250万軒まで回復したとのことです。牛乳の宅配は、マンションが増えたこともあり、都市部ではほとんど見かけなくなりました。現在宅配の利用者は、地方に住む60代以上の1人もしくは2人の家庭です。それでも、全メーカーを合わせると約550万軒と言われており、日本中で約10軒に1軒は利用しています。

まちの牛乳屋さんの固定観念と打開策は	
親会社の製品しか配れない	本当にそうなのでしょうか。県を統括している責任者と話したことはありますか。一番お客様に近いのはあなたです。親会社であれば、スーパーやコンビニと提携も可能なのではないですか。あらゆるものを届けることだってできるはずです。
宅配業しか経験がない他のことはやれない	宅配先に、つかわれていない駐車場がありませんか。スマートパーキングというビジネスがあります。コーンを置くだけで、自宅の駐車場が時間貸しパーキングになるビジネスです。スマートパーキングを運営している会社の代理店になることができるはずです。

〈出典:ITmedia ビジネスオンライン「実は"時代遅れ"じゃなかった
低迷していた明治の牛乳宅配はなぜ再成長してるのか」(2020年1月16日)
https://www.itmedia.co.jp/business/articles/2001/16/news036.html〉

理解しておくべきSDGsワード

① 「ＥＳＧ経営」

　ESGとは、E（環境：environment）、S（社会：social）、G（ガバナンス：governance）という3つの頭文字からつくられた言葉です。従ってESG自体は財務の情報ではありません。より良い経営をしている企業を表す指標です。**従来、企業価値は業績と財務状況だけで分析されていました。しかし、企業の安定的かつ長期的な成長には、環境や社会問題への取り組み、ガバナンスが影響しているという考えが一般的になり、ESG投資が世界的な潮流となりました。**現状の財務状況だけでは見えにくい将来の企業価値を計る上でも、その重要性が認識されています。ESGには下記のような項目が含まれます。

E（環境）➡ ・脱炭素対策を実施しているか・環境リスクや汚染への配慮を行っているか・再生可能エネルギーを活用しているか

S（社会）➡ ・地域社会へ貢献しているか・労働環境は適正か・人権対策に取り組んでいるか・格差社会などの社会問題に取り組んでいるか

G（ガバナンス）➡ ・経営哲学及び経営戦略は確立されているか・情報開示はきちんと行われているか・経営陣の資質はどうか・不祥事の回避策はなされているか・法令に遵守しているか

　項目をご覧頂くと、ESG経営とSDGsが緊密な関係にあることがおわかりになるでしょう。「財務内容」「成長性」「収益の質」といった、その企業が「いかに儲かっていて、今後も成長が見込めるのか」という収益面での評価から、「経営の質」が問われる時代になったのです。
　今までは「株の非公開企業にとっては関係ない」という見方が一般的でしたが、「非公開企業もESG経営を行うべきだ」という観点が拡がり、ESGは金融機関が融資を行う場合や、企業がパートナーを選定する際にも大きく影響するようになりました。

理解しておくべきSDGsワード

2 「サステナブル」

SDGsコンサルタントという方と、初めて名刺交換をした際、こう言われました。「**SDGsをこれから学んで行くのであれば、まず覚えるべきはサステナブルというワードです**」。そうなのですかと安易に答えたのですが、今となっては、きちんと本質をついてくれたと感謝しています。

実は、SDGsの起源は日本にあるかも知れないという説があるのです。サステナブルが世に広まるきっかけとなったのは、日本の提唱で設立されたWCED（環境と開発に関する世界委員会）における報告書だったと言われています。のちにノルウェーの首相となるブルントラントをリーダーとするWCEDは1984年からの4年間、精力的な活動を行い、その報告書「我ら共有の未来（Our Common Future）」を1987年の国連総会に提出しました。この中で、今日の環境問題のキーワードとなる「持続可能な開発（Sustainable Development）」という考え方を提唱しました。

地球環境破壊の深刻さをデータで示し、**地球と人類の破局を警告。その破局を避けるために、人類は「持続可能な開発」という考え方に基づいた行動を行うべき**と訴えたのです。そこで「持続可能な開発」とは、"将来そして、現在のニーズも満足させるような開発"とし、"環境と開発を共存できるものとして、環境の保全を考慮した節度ある開発であるべき"としました。以降、サステナブルという言葉は地球環境を維持する指針として、世界に大きく広まっていったと言われています。

日本はWCEDを提唱しただけなのかも知れません。しかし、サステナブルというワードがSDGsの根底にあり、その起源は日本にあったと思ったほうが、誇りを持ってSDGsを推進できるのではありませんか。

STEP 01 06

理解しておくべきSDGsワード

3 「脱炭素」

　国連の気候変動に関する政府間パネル（IPCC）は、産業革命前と比べて、世界の気温上昇が2021年からの20年間で1.5度に達する、との予測を公表しました。2018年の想定より10年ほど早くなっています。そして人間活動の温暖化への影響は「疑う余地がない」と断定しています。

　脱炭素とは、「地球温暖化の原因とされる二酸化炭素をはじめとする温暖化ガスの排出量を実質ゼロにすること」です。日本は「2050年までに、温暖化ガスの排出を全体としてゼロにする」と宣言しており、国と企業が一体となって取り組みを進めるものとされています。

　脱炭素に向けたアプローチには様々なものがあります。例えば、二酸化炭素を大量に排出する火力発電から風力や太陽光などクリーンな再生可能エネルギーへの転換、ガソリン車から電気自動車への転換、化石燃料を原料とするプラスチックの使用量削減などです。化石燃料による火力発電の年間発電量の割合は減少傾向にありますが、まだ全体の7割超を火力発電に頼っており、高いレベルにあると言わざるを得ません。一方、一時期減少した原子力による発電量は年々増加しています。

　欧州では、すでに自然エネルギーの年間発電量の割合が30％を超える国が多くあり、デンマークは84％に達しています。日本は2018年現在、18.6％。2030年の導入目標は24％です。極めて低い数字と言わざるを得ません。でも、これが現実なのです。

　現在多くの企業が、**自社を含めたサプライチェーン全体の二酸化炭素排出量の数値化を行い、その削減に取り組んでいます。この動きは間違いなく、中小企業にも波及するでしょう。**ただし、数値化自体が難しいという課題があり、現時点では専門業者に任せざるを得ないという事実も存在します。

理解して おくべき SDGs ワード
4 「 包 摂 的 」

　17の目標の本文に何度も登場する言葉です。「inclusive」の日本語訳としてつかわれています。**包摂的とは、「社会的弱者を社会の一員として取り込み、支え合う」という意味であり、「誰一人取り残さない」というSDGsの基本理念を表している言葉だそうです。**

　「だそうです」と書いたのは、正直申し上げると、SDGsを学んで初めてこの言葉に出会い、言葉自体がわからず、検索したからです。辞書で「包摂」を検索すると、「 1. 一定の範囲の中につつみこむこと　2. 論理学で、ある概念が、より一般的な概念につつみこまれること　特殊が普遍に従属する関係」と記されています。また、「inclusive」を英和辞典で検索すると、「すべてを包んだ、包括した」と記されています。

　著者である私が疑問を持って良いのかとは思うのですが、なぜ「inclusive」を包摂的と訳したのでしょうか。また包摂という言葉には、通常「的」はつけないようなのです。本当に不思議なのです。なぜ「inclusive」を包摂的と訳し、その包摂的に、このような深い意味を持たせたのでしょうか。できれば、この訳者に会って、直接話を聞きたいくらいです。

　包摂という言葉は、マルクスにも関係しているらしく、経済学用語としてつかわれることは多いようなのです。訳者は、経済学に通じた方なのかも知れません。

　訳された方、申し訳ございません。否定している訳ではないのです。包摂的と訳し、そこにこういう深い意味を持たせたことに対して、尊敬の念を抱いているのです。**残念なのは、単にSDGsの入門書を読んだだけでは、この言葉が出て来ないことです。**原文の訳まで、きちんと読む必要があるということです。この言葉が将来、辞書に深い意味で掲載されることを願っています。

理解しておくべきSDGsワード
5 「18番目の目標」

　「18番目の目標」を検索すると、最初に出て来るのは、「生まれる権利と死ぬ権利」というワードです。これが18番目の目標として、2030年に発表されるという都市伝説があるそうです。私が聞いた18番目の目標は、「自分で考える」でした。SDGsでつかわれていない色は「白」。**国連が世界中の人に、心を白にして、自分でSDGs達成のために何をすべきかを考えて欲しいという願いが込められている**と聞いたのです。

　実際に18番目の目標を自社で設定し、発表しているケースも多く存在します。例えばベネッセでは、「超高齢社会をSDGsのこれまでのゴールにはない18番目の目標として捉え、介護事業で蓄積してきた知見を発信・共有するなど、社会環境を踏まえた取り組みを行っていきます」。と宣言しています。

　私が企業に対してSDGsの取り組みを提案する際、「御社で18番目の目標を設定されてはいかがですか」と申し上げています。SDGs宣言は、17の目標に沿って、自社でできること、目指すことを宣言することであり、パーパスは、「こういう会社になりたい」という会社の未来像です。そして**18番目の目標は、SDGsの精神に則って、新たな目標を設定し、全社でそこに向かって行動することです。自分たちで考えた目標ですから、社員にとっても身近ですし、何より自分たちでやろうと決めたことですから、社員が一丸になれるのです。**

　世界のトヨタは、18番目の目標とは具体的に宣言していませんが、「私たちは幸せを量産する」をテーマに、「地球環境への取り組み」「幸せに暮らせる社会への取り組み」「働く人への取り組み」、という3つの活動を推進しています。

　皆さんの会社でも18番目の目標をつくることは、きっと社員の皆さんのモチベーションアップにつながるのではないでしょうか。

理解しておくべきSDGsワード
6 「利他の心」

　「利他」という言葉は、仏教の「自利利他」という言葉から来ていると聞きました。他人を幸せにする（利他）ことが、自分の幸せ（自利）となる、他人も生かし、自分も生きる道が「自利利他」なのです。

　尊敬する京セラの創業者、稲盛和夫さんのオフィシャルサイトにはこう書かれています。

　私たちの心には「自分だけがよければいい」と考える利己の心と、「自分を犠牲にしても他の人を助けよう」とする利他の心があります。利己の心で判断すると、自分のことしか考えていないので、誰の協力も得られません。自分中心ですから視野も狭くなり、間違った判断をしてしまいます。一方、利他の心で判断すると「人によかれ」という心ですから、まわりの人みんなが協力してくれます。また視野も広くなるので、正しい判断ができるのです。より良い仕事をしていくためには、自分だけのことを考えて判断するのではなく、まわりの人のことを考え、思いやりに満ちた「利他の心」に立って判断をすべきです。

　本当に、この通りだと思います。世界中の人間が「自分を犠牲にしても他の人を助けよう」と考えたら、戦争が起きることもありませんし、差別もなくなります。極論かも知れませんが、**この「利他の心」という言葉はSDGsを包括するコンセプトではないかと思っています。**

　日本のことより、世界のこと、と言われても実感はないでしょうが、自分のことより、社員のこと、地域の皆さんのこと。自社のことより、パートナーの会社のこと、地域社会のこと。それを基本にして、事業を進めるのが、SDGsを推進することだと思います。

　利他の心、この言葉を深く胸に刻んでください。

日本企業にとっての
17の目標とは

　次から、17の目標の解説と、皆さんへの提案に入りますが、その前に申し上げておきたいことがあります。

　私が英語に慣れていないからかも知れませんが、17の目標の原文は、難しい言葉で、しかも長文で書かれており、その中の言葉が要約されて17の目標のロゴマークがつくられています。本来、ロゴマークだけでなく、17の目標の全文がセットで記載されるべきなのですが、**日本では、そのロゴマークだけが独り歩きしています。**だから、「目標2　飢餓をゼロに」と言われても「それ、アフリカの話ですよね。日本人には関係ないのではないですか」というふうに受け取られてしまい、SDGsが他人事になってしまっているのではないでしょうか。私はそう考えています。

　ロゴマークだけが独り歩きした弊害が、もう一つあります。この目標2の場合では、**飢餓だけがクローズアップされてしまい、日本にとっては重要な問題である、農業のこと、農家のこと、農家がつくっている作物のことに全く目が向かなくなっているのです。**ロゴマークと一緒に「飢餓を終わらせ、食料安全保障及び栄養の改善を実現しよう。持続可能な農業を促進しよう。」と必ず表記することを義務付けていれば、伝わり方は全く違ったと思います。

　改めて英語・日本語・中国語のロゴマークを並べて、考えてみました。国連が指導・監修しているので、ほとんど同じことが書いてありますが、ニュアンスが違うところもあります。例えば目標5、日本語では「ジェンダー平等」ですが、中国語では「性別平等」と言い切っています。ジェンダーと性別では微妙に違ってきます。この和訳を否定するつもりは毛頭ありません。ただ、日本にSDGsを広める際に、もう少し考えても良かったのではないかと、そう思っただけです。

STEP
01 — 08

目標 1

貧困をなくそう

End poverty in all its forms everywhere.
あらゆる場所、あらゆる形態の貧困を終わらせよう。

　世界の貧困率は今世紀に入って、半分以下に改善されましたが、世界の人口の10分1近くの方が、極度の貧困ラインと言われる1日1ドル90セント以下の生活を送っています。サブサハラと言われるサハラ以南アフリカでは依然として、この貧困ライン未満で暮らす人々の割合が40%以上います。

　インドにはダリット（不可触民）と呼ばれる、被差別民が全人口の10%以上いると言われます。カースト制度が廃止された現在も、彼らは貧困に喘いでいます。一方で世界の上位26人の資産は、世界の下位38億人の総資産と、ほぼ同じという推計もあり、貧富の差は歴然と存在します。

　日本に住んでいる限り、人間として最低限の生存を維持することが困難な状態である、「絶対的貧困」を実感することはほとんどありませんが、国の文化水準、生活水準と比較して困窮した状態を指す「相対的貧困」は、日本は世界的に見ても多いのです。2016年の国民生活基礎調査から判断すると、**2人家族の世帯年収が172.5万円以下、4人家族で244万以下の世帯が相対的貧困です。母子家庭の58%がその状態にあるのです。**仮に年収240万とした場合、手取りは約193万円。家賃5万円のアパートに住んだとしても、食費につかえる金額は本当に限られてしまいます。ひとり親の世帯の子供の多くは栄養失調の状態にあり、それでも体育の授業を受けているのです。中小企業にとっての目標1は、これを提案します。

> **日本にも貧困はある。相対的貧困の家庭を救おう。**

STEP 1　043

目標 2

飢餓をゼロに

End hunger, achieve food security and improved nutrition and promote sustainable agriculture.
飢餓を終わらせ、食料安全保障及び栄養の改善を実現しよう。
持続可能な農業を促進しよう。

　日本の食糧自給率は1946年（戦後すぐの昭和21年）に88％だったにもかかわらず、年を経るごとに低下し、ついにカロリーベースで40％を切りました。食料の生産から消費まで、すべてを考え直すべき時が来ています。農業従事者が高齢化の一途を辿る日本において、ロゴマークを直訳するだけでなく、農業にも触れるべきだったのではないでしょうか。

　世界的に見ると、人口の半分近くは十分な栄養を摂っていないと言われ、7億人近い方が飢えに苦しんでいます。

　その状況の中で、農水省の統計によると、日本人1人当たりのフードロスは、1日124グラム、年間で45キログラムに及びます。12歳の日本人男子の平均体重とほぼ同じです。

　それだけのフードロスを出しながらも、**十分な食料がない状態を経験したことがある日本人は10％近く存在し、日本全国にこども食堂が5000カ所以上存在します。**

　一見、豊かに見える日本にも飢餓の問題は存在します。前述した相対的貧困による飢餓の場合、一見わかりづらいという特徴があるからです。たとえ年収が低くても、通信費と衣服費には人並みにお金をつかうため、食費にしわ寄せが行くのです。傍目から見たら普通の子供たちです。

　中小企業にとっての目標2は、これを提案します。

> **農業を知りましょう。農家の方のことを考えましょう。**
> **フードロスは許しません。**

STEP 08
01

目標 3

すべての人に健康と福祉を

Ensure healthy lives and promote well-being for all at all ages.
あらゆる年齢のすべての人々の健康的な生活を確保し、
ウェルビーイングな暮らしを促進しよう。

　この目標の、最大のゴールは、世界の妊産婦の死亡率を低下させることであり、新生児死亡率と5歳児以下の死亡率を下げることです。5歳の誕生日を迎えることなく死亡する子供たちは、世界で年間500万人以上存在します。それだけ、途上国では妊産婦と子供たちの死亡率が高いのです。お金がない、医療施設がないなどの理由で、治療を受けたくても受けられないのです。前述のサブサハラに住む人たちは、先進国に比べて、死亡率が50倍以上高いと言われます。日本では、1000人の赤ちゃんが5歳になるまでに亡くなる数は2人程度ですが、ソマリアでは何と133人です。8人に1人以上が5歳までに命を落としてしまうのです。医療格差は年々拡大の一途を辿り、新型コロナウイルス感染症によってさらにそれは顕在化しました。ワクチンの接種率は、先進国では多くの国が70%を超えましたが、アフリカ諸国では50%以下という国がほとんどです。

　日本の最大の課題は、世界でも群を抜く高齢化国家であるということです。「あらゆる年齢のすべての人々の健康な生活を確保する」ということは、人生100年時代を迎えた日本の高齢者の健康を願い、皆で支えるということに他なりません。2045年にはすべての都道府県で65歳以上人口の割合が30%を超え、19の道県では40%を超えるという推計もあります。中小企業にとっての目標3は、これを提案します。

> さらに進む高齢化社会。
> いくつになっても健康な暮らしを、皆で実現しよう。

目標 4
質の高い教育をみんなに

Ensure inclusive and equitable quality education and promote lifelong learning opportunities for all.
すべての人に包摂的であり、公正で公平な質の高い教育を
確保し、生涯学習の機会を促進しよう。

　2018年の時点で、世界で小学校に通えていない子供たちは約5900万人いました。また、世界人口のほぼ10分の1である、7億5000万人は読み書きができません。学校に行けない理由のほとんどは貧困です。幼い兄弟の世話をさせられたり、片道2時間かけて、日に2度の水汲みに行く子供たちもいるのです。またカカオ豆の生産に、多くの児童労働が関わっているという現状もあり、チョコレート業界は改善を迫られています。

　しかし、これはあくまで途上国の問題であり、**日本では中学までが義務教育ですが、不登校の増加が社会問題になっています。**最新のデータでは、小学校で100人に1人、中学校は100人に4人が不登校です。要因としては、人間関係が最も多いと言われています。あえて申し上げますが、**義務とは、「子供が学校に行く義務」ではなく、「保護者が子供に学校教育を受けさせる義務」のことなのです。**子供たちは不登校のまま卒業もできるのです。あなたのお子様が小学校にも中学校にも行かず、そのまま大人になってしまったら可哀想だと思いませんか。不登校には、親の無関心という要因もあると言われます。

　人生100年時代と言われています。いくつになっても、学びたいという気持ちを大切にする社会にしませんか。80歳の大学生、素晴らしいですね。中小企業にとっての目標4は、これを提案します。

> **不登校は、みんなで助けましょう。**
> **人生100年、生涯、学習の時。学ぶ心を大切に。**

目標 5

ジェンダー平等を実現しよう

 Achieve gender equality and empower all women and girls.
ジェンダー平等を達成し、女性や女児が不利な状況を
変えていこう。

　ジェンダーという言葉を、単なる性別と思っている方も多いようですが、**実際には社会的性別と訳され、「男性・女性はこうあるべき」という社会の中でつくられたイメージや役割分担を指しています。**誰もが性別の違いにとらわれず、自分らしく生きることができる社会にしようというのが、ジェンダーフリーの考え方です。**17の目標のうち、日本の達成率が一番低いのは、このジェンダー問題です。**世界で一番女性の国会議員の比率が高いのはアフリカのルワンダ。何と60％以上が女性です。それに比べて日本は約10％。先進国の中では、最下位に近い比率です。世界の女性管理職比率は27％。日本は8.9％。家事に費やす時間は、日本では妻6：夫1ですが北欧では妻1.6：夫1という割合です。家事の分担は改善の方向に向かっていると感じますが、女性の国会議員の数を増やそうという動きはそれほど強くありません。**男尊女卑という考え方は、過去のものですが、国会議員や管理職の比率も、それが当たり前であり、不自然に感じていないというのが日本人の一般的な感覚**なのではないでしょうか。

　あなたの会社ではどうですか。管理職も含め、採用や昇進も平等に行っていますか。出産や子育てといった女性の家庭におけるライフタイムと仕事が両立できる環境をつくって、本人の意思を尊重し、労働を強要しないでください。中小企業にとっての目標5は、これを提案します。

> 日本は、まだまだ男女不平等。
> まずは女性の話を聞きましょう。意思を尊重しましょう。

目標 6

安全な水とトイレを世界中に

Ensure availability and sustainable management of water and sanitation for all.
すべての人々に、水と衛生の利用可能性と
持続可能な管理を確保しよう

　すべての人々がきれいな水を利用できるようにすることは、SDGsが望んでいる世界に欠かせない要素です。しかし、劣悪な経済環境やインフラの不備により、毎年数百万人が不適切な水が原因で命を落としています。地球は水の惑星と呼ばれますが、海水が97.5%で、淡水は2.5%しかありません。淡水のほとんどは北極と南極の水で、残りも土の中の水分や、地下深くの地下水です。**人間がつかえる水は、河川や湖沼にある、地球の水全体の約0.01%しかないのです。**水道の設備がない暮らしをしている人は、世界に7億人おり、トイレがなく道ばたや草むらなどの屋外で用を足している人は、世界に22億人近くいると言われます。

　水に恵まれ、生まれた時から安全な水が当たり前という日本に生まれた私たちは、世界のこの事実に実感が湧きません。**世界中で水道水の飲める国は、日本を含め、たった9カ国しかありません（他の説も存在します）。**日本の水道普及率は97%。残り3%、約360万人が、水道のない生活を強いられています。また、下水道の普及率は約8割。日本全国の2割は汲み取り式のトイレをつかっているのです。歯を磨いている間は水道を止めるといった、些細なことから節水を心掛けるというのは、地球で暮らす者にとって、ルールでありマナーなのです。

　中小企業にとっての目標6は、これを提案します。

つかえる水は、地球の水のわずか0.01%。
水は地球の貴重な資産です。

エネルギーをみんなにそしてクリーンに

Ensure access to affordable, reliable, sustainable and modern energy for all.

すべての人々に、安価で信頼できる持続可能な
近代的エネルギーへのアクセスを確保しよう。

　エネルギーは、地球が直面している最大の課題です。世界には電力がない生活を送っている方が、今でも8億人近くいます。世界の30億人は、料理や暖房に薪や炭、動物の排せつ物を燃やして生活しています。石油と天然ガスの確認埋蔵量はあと50年分です。**化石燃料だけに頼っていては、我々の生活自体が成り立たない時が、間もなく訪れます。日本のエネルギーの9割は輸入に頼っています。世界トップレベルのエネルギー輸入国です。17の目標の中で、日本が最も直面し、改善しなければならないのも、このエネルギー問題です。**

　地続きの欧州では、国境を越えて発電網とパイプラインがつながっていますが、島国の日本では叶いません。2022年4月資源エネルギー庁から、「ウクライナ侵略などを踏まえた 資源・燃料政策の今後の方向性」というレポートが提出されました。日本のロシアへの依存度は石油が全体の4%、天然ガスが9%、石炭が11%です。いずれもトップシェアではありませんが、今後影響が出て来るのは必至です。日本の石油依存国は中東の4カ国、天然ガスと石炭は圧倒的にオーストラリア頼みです。何かの要因で、このエネルギーの輸入が途絶えてしまうと、日本という国自体が止まってしまい、私たちも生活できなくなってしまいます。

　中小企業にとっての目標7は、これを提案します。

**日本は、エネルギーの9割を海外からの輸入に頼る国。
エネルギーを大切に。**

目標 8

働きがいも経済成長も

Promote sustained, inclusive and sustainable economic growth, full and productive employment and decent work for all.

包摂的かつ持続可能な経済成長、すべての人が満たされた生産的な雇用と働きがいのある人間らしい仕事を促進しよう。

　世界では現在、2億人以上が失業中であり、さらに増え続けています。日本では生産年齢人口が減少の一途を辿っていますが、世界的に見ると、生産年齢人口は増え続けています。それに産業の伸びが追いついておらず、失業が増え続けているという状況なのです。失業により、貧困から飢餓という負の連鎖が加速度的に起きています。

　日本はコロナ禍で、飲食業を中心に、失業者が全国で急増しています。働き方改革という言葉が一般化し、労働環境の改善は進んでいますが、**2000万人以上いるといわれる、非正規雇用者への対応が、大きな問題になっています。正規雇用者と非正規雇用者に賃金の格差があり、とりわけ短時間労働者の待遇は、一向に改善が見られません。**

　あなたの会社はどうですか。働きがいのある人間らしい仕事は実現できていますか。安定して働けますか。収入は十分といえますか。仕事と家庭のバランスは取れていますか。雇用保険や医療・年金制度に加入していますか。性別による不当な扱いをしていませんか。働く人の権利が保障されていますか。働きがいを感じる職場ですか。

　中小企業にとっての目標8は、これを提案します。

> **働きがいのある、誇りを持てる会社に。**
> **そして成長を続ける会社に。**

目標 9
産業と技術革新の基盤をつくろう

Build resilient infrastructure, promote inclusive and sustainable industrialization and foster innovation.
強靭なインフラを構築し、包摂的かつ持続可能な産業化の
促進、イノベーションの推進を図ろう。

　世界に電力がつかえない人が11億人、衛生的な水を利用できない人が6.6億人、不衛生な環境の人は24億人と推計されています。ケニアでは、全国で18％しか電化されておらず、全人口約4800万人のうち、3400万人は電気がつかえません。タンザニアは高い貧困率と国民所得の低迷も顕著な一方で、毎日深刻な交通渋滞が問題になっています。先進国におけるインターネット普及率は80％を超えていますが、2018年時点で、インターネットがつかえない方は世界の60％。その中で、アフリカではモバイルが急激に普及しています。2019年時点で、アフリカの人口の45％がモバイルサービスを利用しているそうです。

　日本はものづくりを基本に経済成長を続けてきました。しかし、多くの業種で技術競争力は低下し、経済大国・技術大国ニッポンは過去の話になりつつあります。このままで良いのでしょうか。今でも、光海底ケーブル・電波システム・生体認証といった日本が先頭を走っている技術は、途上国を中心に世界から求められています。今こそ、産官学が一体となって、日本国全体のDXの推進を図らなくてはならないのです。
　あなたの会社はどうですか、技術継承と技術革新はできていますか。中小企業にとっての目標9は、これを提案します。

> **バリューチェーンとサプライチェーンを導入し、**
> **目指せ、技術継承と技術革新を。**

※バリューチェーンとサプライチェーンは最終章で説明

目標 10

人や国の不平等をなくそう

Reduce inequality within and among countries.
国内及び国家間の不平等を是正しよう。

　現在世界には196の国がありますが、そのうちの146カ国は、開発途上国です。世界で一番問題になっているのは、不法あるいは違法移住者に対する差別です。世界では、住む場所がなくなった難民が増え続け、ウクライナ紛争によって、さらに加速化しています。おそらく1億人を超えたのではないでしょうか。

　世界中に暮らす1％の人のためだけに経済が成り立っているという、「99％のための経済」というレポートがあります。今日の世界経済は、何億もの人々を取り残し、そして犠牲にしながら回り続けているのです。2013年、バングラデシュで起きたラナプラザ崩落事件において、働いていた縫製従事者の時給は約13円、日給にして100円前後でした。

　現在でも、差別や不平等は歴然と存在しています。見て見ないふりをするのだけは止めませんか。

　目標1でも書きましたが、**日本は母子家庭の58％が相対的貧困の状態にあります。高齢者世帯の所得格差も拡大しており、65歳以上の高齢者のいる世帯の貧困率は27％です。**日常生活で格差を実感することはあまりないかも知れませんが、**日本は先進国の中でも、所得格差や男女格差が大きい国なのです。**諸外国に比べると、肌の色や宗教による差別は少ないものの、差別が原因で不登校になる子供が多いのも事実です。あなたは差別を一度もしたことがないと本当に言えますか。

　中小企業にとっての目標10は、これを提案します。

> **周りにいる恵まれない家庭や子供たちに愛の手を。**

目標 11

住み続けられるまちづくりを

Make cities and human settlements inclusive, safe, resilient and sustainable.

包摂的で、安全かつ強靭で、持続可能な都市及び
落ち着いた生活を実現しよう。

　この目標の根底にあるのは、世界的な都市部への人口集中により起きている様々な弊害です。世界の主要都市には、必ずと言って良いほど、スラムが存在します。スラムは生活環境が劣悪で、感染症などの疫病が蔓延しやすく、麻薬売買や売春などの犯罪の温床にもなっています。これからスラムは増加の一途を辿る可能性が高く、この目標11では「2030年までに、すべての人々の、適切、安全かつ安価な住宅及び基本的サービスへのアクセスを確保し、スラムを改善する」というターゲットも盛り込まれています。スラムだけでなく、都市部の公害も深刻さを増しています。工場や自動車の排気による大気汚染、工場や生活排水による水質汚濁・土壌汚染、廃棄物の増加、さらには騒音問題や地盤沈下など、挙げればキリがありません。

　日本には2つの大きな問題があります。一つは東京一極集中による地方の過疎化の進行。もう一つは、1964年の東京オリンピックを契機につくられた、橋やトンネル、高速道路といったインフラの経年劣化です。こういったインフラの一般的な寿命は50年と言われ、日本中に寿命間近のインフラがあるのです。あなたは、自分の会社があるまちをどう思っていらっしゃいますか。社員の皆さんも、そこで日々を過ごしておられる、まちの一員です。
　中小企業にとっての目標11は、これを提案します。

> **企業も地域の一員。持続可能なまちづくりに貢献しよう。**

目標 12

つくる責任 つかう責任

Ensure sustainable consumption and production patterns.

持続可能な消費と生産のパターンを確保しよう。

　ほとんどの天然資源は有限です。天然資源に頼った消費生産活動を続けていると、必ず限界が訪れます。我々人間は、わかっていながらもその行為を繰り返してきたのです。「地球が悲鳴を上げている」。ようやく、私たちは気づきました。それがSDGsが生まれた原点です。また、生産したものをゴミとして廃棄すると、大気や水、土壌の汚染などあらゆる環境問題を招いてしまいます。こうした事態を改善するためには、**持続可能な消費生産活動（サーキュラーエコノミー）を実現しなくてはいけません。**

　2055年に世界の人口は100億人を突破するという国連の予測があります。そうなった場合、現在の生活レベルを維持するためには、地球があと2つ必要だそうです。そんなこと、無理に決まっています。持続可能な消費と生産のパターンを、世界が一致協力して構築しなければならないのです。その実現のためには、ポイントがあります。

● 持続可能な消費と生産をいかに実行するかを皆が考える

● ゴミの削減、リユース、リサイクルを実行する

● フードロスを減らす

　今までの大量生産・大量消費を前提にした企業活動が根本から否定されています。企業としても発想の転換並びに事業活動の変換を迫られているのです。それが、これからの時代に生き残っていくために必要なのです。中小企業にとっての目標12は、これを提案します。

> **つくるだけでなく、消費されるまでがあなたの会社の責任です。**
> **責任を意識した事業活動を。**

目標 13

気候変動に具体的な対策を

Take urgent action to combat climate change and its impacts.
気候変動及びその影響を軽減するための対策を、
今すぐ講じよう。

　気候変動は、あらゆる大陸のあらゆる国に影響を与えています。このまま対策を講じなかった場合、海面が上昇し、高潮が頻繁に起き、沿岸部や島は、常に危険に晒されます。海洋の生態系が変化し、漁獲の品種や量にも大きな影響を及ぼします。陸上の生態系にも大きな影響を及ぼし、砂漠化する土地が増え、絶滅する動物も増えるでしょう。作物の成長や保管・運送にも影響を及ぼし、結果的に食料不足を引き起こします。途上国を中心に、水不足が蔓延し、飲料水や灌漑用水の不足を招きます。つまり、気候変動は地球、そして人類の存続にも大きく関わっているのです。気候変動に最も影響していると言われる**二酸化炭素の排出量は、日本は中国・米国・インド・ロシアに次いで世界で5番目。個人あたりの排出量は4番目で**す。それだけ私たちは、毎日の生活で二酸化炭素を排出しているのです。

　最近は、日本でも洪水や豪雨が頻繁におきています。真夏日の数は年々増加し、熱中症も多発しています。**気候変動の問題は、エネルギーの問題と同様、日本人にとっても身近で、逼迫している問題なのです。**気候変動を抑えるために、国連は基金を設置し、途上国への援助を行っています。日本の中小企業の皆さんはそれを身近に感じるでしょうか。一方で、日本は2050年までに、温室効果ガスの排出量をゼロにするという宣言をしています。中小企業にとっての目標13は、これを提案します。

> **気候変動が止められなかったら、地球自体がなくなります。**
> **できることは今すぐ始めよう。**

目標 14
海の豊かさを守ろう

Conserve and sustainably use the oceans, seas and marine resources for sustainable development.
持続可能な開発のために、海、そして、海洋資源を保全し、持続可能な利用を行おう。

　地球上で排出された二酸化炭素は海に吸収され、海水温度と酸性度を高めてしまいました。海流の変化だけでなく、水中に溶ける酸素の量を減少させ、海洋の酸素欠乏も引き起こしています。地表だけでなく、海洋中の生態系にも影響を及ぼしているのです。酸欠により死滅したプランクトンが大量に沈降。腐敗や分解が進み、海底の酸素を消費してしまい、酸素欠乏をさらに加速させており、サンゴだけでなく、プランクトンや甲殻類などの生命、繁殖力、成長にも影響や被害が及んでいます。

　この半世紀で、世界のプラスチック生産量は20倍以上に急増しました。大量のプラスチックが海に流出しています。微細なマイクロプラスチックは、魚、鳥、微生物など様々な生物へ被害を与えています。プラスチックごみの多くは、ペットボトル、食べ物容器、発泡スチロール、包装用プラスチックです。海に流れ込んだプラスチックごみの量が、海に住む魚の量を超えるとさえ予測されています。

　またこの半世紀、海の魚の量は減少の一途を辿り、50年前の半分の量しか海洋生物がいません。世界の人口約80億人中30億人以上が魚を摂取しており、世界の3億人以上の方が漁業に従事しています。まさに、魚を食べ続けたことにより、人間は海の生態系を壊してしまったのです。中小企業にとっての目標14は、これを提案します。

> **日本は海に囲まれた、海と共に暮らす国。**
> **海に感謝しよう。**

目標 15

陸の豊かさも守ろう

Protect, restore and promote sustainable use of terrestrial ecosystems, sustainably manage forests, combat desertification, and halt and reverse land degradation and halt biodiversity loss.

陸にある生態系の保護、回復、持続可能な利用を推進し、
持続可能な森林の管理、砂漠化への対処を行うと共に、
土地の劣化の阻止・回復及び生物多様性の損失を阻止しよう。

　現在、地球はかつてない土地の劣化に直面し、耕作地の損失も信じられないペースで進んでいます。干ばつや砂漠化も年々深刻化し、全世界で農地が消失しています。

　地球上には現在確認されているだけでも約175万種の生物が生息しており、未確認も合わせると3000万種の生物が存在しているそうです。これらの多種多様な生物は、それぞれ違う特徴があり、関わりがないようにも見えますが、直接的間接的に多くの関わりがあるとされています。

　陸の生物が絶滅に瀕する原因は主に5つあるといわれています。森林の伐採、農薬や化学物質、生物の製品化、外来種の持ち込み、そして地球温暖化です。1975年観測当時の年間絶滅数は、約1000種でしたが、現在は年間4万種もの生物が絶滅しています。それだけ、我々人間が生物の住みにくい地球にしてしまったのです。人間の活動により、生態系が変化することは避けられないかも知れません。これ以上深刻にしない取り組みや行動をすることが重要なのです。

　中小企業にとっての目標15は、これを提案します。

> **私たちは地球に住んでいる。陸の上で生活している。**
> **地球のためにできることを考えよう。**

目標16
平和と公正をすべての人に

Promote peaceful and inclusive societies for sustainable development, provide access to justice for all and build effective, accountable and inclusive institutions at all levels.
持続可能な開発のための平和で包摂的な社会を促進し、すべての人々に司法へのアクセスを提供し、あらゆるレベルにおいて効果的で説明責任のある包摂的な制度を構築しよう。

　SDGsの基本スローガンである「誰一人取り残さない～No one will be left behind」への願いがこの目標16に込められています。差別することなく、されることもなく、暴力をふるうこともなく、受けることもなく、災害や紛争にも苦しまず、安全で安心な生活を送り、同じ立場で公正に話し合い、お互いに助け合って、一緒に世界平和の実現に取り組む必要があるのです。

　現在でも、世界にいる5億人以上の子供たちが、不安に包まれた暮らしを余儀なくされています。紛争や災害に遭っている地域では十分な医療を受けることができず、毎年600万人以上の子供たちが亡くなっています。

　かなり改善されましたが、途上国に安価な原料と人件費で、製品や作物をつくらせ、不当な利益を得る企業が後を絶ちませんでした。衣料だけでなく、カカオ豆、あるいはサッカーボールなども、その対象でした。**差別と対立の歴史は、人類の歴史と同じとも言われています。あまりにも平和な日本は、ウクライナの問題が起きるまで、戦争を実感できていませんでした。**

　中小企業にとっての目標16は、これを提案します。

> **平和は日本の大切な財産です。**
> **そして、公正な取引はビジネスの基本です。**

目標 17
パートナーシップで目標を達成しよう

Strengthen the means of implementation and revitalize the global partnership for sustainable development.

持続可能な開発のための実施手段を強化し、

グローバルなパートナーシップを活性化しよう。

　この目標17は、最も細かく説明がなされ、19の達成目標が設定されています。❶国内の資金調達を強化する。❷先進国はODAに関する約束を実行する。❸開発途上国のための資金を集める。❹途上国の借金の支援を行う。❺開発が遅れている国に投資をするための仕組みを確立し、実現する。❻国際的な三角協力（科学技術イノベーション、南北・南南協力、国際的・地域的協力）を強化する。❼途上国に対して環境に配慮した技術の開発や普及を進める。❽途上国のインターネット普及率を上げる。❾途上国が能力を向上できるよう国際的支援を強化する。❿公平で差別のない多角的貿易体制をすすめる。⓫途上国からの輸出を増やす。⓬開発が遅れている国々に市場を開放し、無税・無枠での利用を可能にする。⓭世界の経済全体をより安定させる。⓮一貫した政策の強化。⓯政策の策定・実施にあたっては各国のリーダーシップを尊重する。⓰世界的なパートナーシップを強化する。⓱公的、官民、市民社会のパートナーシップをすすめる。⓲質が高く、信頼できるデータを誰もが利用できるようにする。⓳開発途上国における統計関連の能力向上を支援する。

　自分のことだけ、自社のことだけ、自国のことだけを考えずに、世界中が一致団結して、パートナーシップを形成し、目標達成に向けて歩いて行こうということです。中小企業にとっての目標17は、これを提案します。

> **パートナーがいるから、会社がある。地域がある。
> 利他の心を持とう。**

改めて17の目標をご覧ください

	現在使用されている目標	中小企業の皆さんのために提案したい目標
1 貧困を なくそう	貧困をなくそう	日本にも貧困はある。 相対的貧困の家庭を救おう。
2 飢餓を ゼロに	飢餓をゼロに	農業を知りましょう。農家の方のことを考えましょう。フードロスは許しません。
3 すべての人に 健康と福祉を	すべての人に 健康と福祉を	さらに進む高齢化社会。いくつになっても健康な暮らしを、皆で実現しよう。
4 質の高い教育を みんなに	質の高い教育を みんなに	不登校は、みんなで助けましょう。 人生100年、生涯、学習の時。 学ぶ心を大切に。
5 ジェンダー平等を 実現しよう	ジェンダー平等を 実現しよう	日本は、まだまだ男女不平。 まずは女性の話を聞きましょう。 意思を尊重しましょう。
6 安全な水とトイレ を世界中に	安全な水とトイレを 世界中に	つかえる水は、地球の水のわずか0.01%。 水は地球の貴重な資産です。
7 エネルギーをみんなに そしてクリーンに	エネルギーをみんなに そしてクリーンに	日本は、エネルギーの9割を海外からの輸入に頼る国。エネルギーを大切に。
8 働きがいも 経済成長も	働きがいも 経済成長も	働きがいのある、誇りを持てる会社に。 そして成長を続ける会社に。
9 産業と技術革新の 基盤をつくろう	産業と技術革新の 基盤をつくろう	バリューチェーンとサプライチェーンを導入し、目指せ、技術継承と技術革新を。

	現在使用されている目標	中小企業の皆さんのために提案したい目標
10 人や国の不平等 をなくそう	人や国の 不平等をなくそう	周りにいる恵まれない家庭や 子供たちに愛の手を。
11 住み続けられる まちづくりを	住み続けられる まちづくりを	企業も地域の一員。 持続可能なまちづくりに貢献しよう。
12 つくる責任 つかう責任	つくる責任 つかう責任	つくるだけでなく、消費されるまでが あなたの会社の責任です。 責任を意識した事業活動を。
13 気候変動に 具体的な対策を	気候変動に 具体的な対策を	気候変動が止められなかったら、 地球自体がなくなります。 できることは今すぐ始めよう。
14 海の豊かさを 守ろう	海の豊かさを 守ろう	日本は海に囲まれた、海と共に暮らす国。 海に感謝しよう。
15 陸の豊かさも 守ろう	陸の豊かさも 守ろう	私たちは地球に住んでいる。 陸の上で生活している。 地球のためにできることを考えよう。
16 平和と公正を すべての人に	平和と公正を すべての人に	平和は日本の大切な財産です。 そして、公正な取引はビジネスの基本です。
17 パートナーシップで 目標を達成しよう	パートナーシップで 目標を達成しよう	パートナーがいるから、会社がある。 地域がある。利他の心を持とう。
18		18番目の目標を、あなたの会社で立案しましょう。

フィンランドは
SDGsも幸福度も世界一の国

　日本の2022年度のSDGs達成度ランキングは、世界で19位。2021年からワンランクダウンしました。機械ゴミやプラスチックごみの削減が見られないというのが要因のようです。しかし、日本はアジアでは1位。人口1億人以上の国でも1位です。頑張っていると言っても良いでしょう。

　何と言ってもすごいのはフィンランド。SDGs及び幸福度どちらも世界1位です。なぜ？と単純に思い、フィンランドに関する様々な文献を読んでみました。フィンランドは日本より、やや国土は狭いのですが、人口は約550万人。所得税・住民税といった税率は日本のほぼ倍。消費税は商品や新品・中古といった条件により異なりますが、最高24％。しかし、国民のほとんどはこの税率に納得しているそうです。**高い税金の半分は社会保障に充てられ、学費は大学まで無料です。したがって何歳でも何度でも、勉強がしたければできるし、卒業を急ぐ必要もないのです。**大学のランキングも社会に出れば関係ないようです。自分は何をやりたいのか、そのために何を学ぶのかを考え、就職の際には、「自分は何ができるか」さえ伝えれば良いのです。

　幸福度の評価項目は、人口当たりGDP・社会的支援・平均寿命・人生選択の自由度・他者への寛容さ・社会の腐敗度の6つです。1人当たりのGDPは日本の方が上と思われるかもしれませんが、2022年フィンランドは13位、日本は26位です。**社会的支援や人生選択の自由度は、フィンランドに遠く及びません。特に低いと指摘されているのは、他者への寛容さです。**

　フィンランドはオーロラが見えるほど北極に近く、冬は信じられない寒さだそうです。我慢強く、何事にも耐え忍び、根気強く向かっていく、「SISU」というフィンランド魂が国民全員にあるそうです。北欧の小国フィンランド、一度行ってみたい、というより暮らしてみたい。真剣にそう思いました。

2022年度SDGs達成度ランキングと幸福度ランキング

SDGs達成度ランキング		幸福度ランキング	
1	フィンランド	1	フィンランド
2	デンマーク	2	デンマーク
3	スウェーデン	3	アイスランド
4	ノルウェー	4	スイス
5	オーストリア	5	オランダ
6	ドイツ	6	ルクセンブルク
7	フランス	7	スウェーデン
8	スイス	8	ノルウェー
9	アイルランド	9	イスラエル
10	エストニア	10	ニュージーランド
11	イギリス	11	オーストリア
12	ポーランド	12	オーストラリア
13	チェコ	13	アイルランド
14	ラトビア	14	ドイツ
15	スロベニア	15	カナダ
16	スペイン	16	アメリカ
17	オランダ	17	イギリス
18	ベルギー	18	チェコ
19	日本	19	ベルギー
20	ポルトガル	20	フランス
		54	日本

〈出典：左　SUSTAINABLE DEVELOPMENT REPORT〉
〈出典：右　World Happiness Report〉

フィンランド人は多くを望まないという傾向が強いそうです。高給を稼いでブランド品を買う、そんなことはほとんどの方が考えません。幸福に対する考え方が日本とは全く違うようです。

あなたの会社の
SDGs チェックを行ってください

STEP

02

あなたの会社の
SDGsチェックを行ってください

　今まで、SDGsという目線で考えたことがなかったが、企業がSDGsを実践するってどういうことなのだろう。

　現在のうちの会社のSDGsレベルって、どのくらいなのだろう。これから、何をしていくべきなのだろう。

　様々な疑問があると思います。そこで、あなたの会社のために、SDGsチェックシートをご用意しました。

　基本は、SDGs視点に則ったCSR（Corporate Social Responsibility）の考え方です。CSRは地域貢献やボランティアと勘違いされている方もいるようですが、直訳すると「企業の社会的責任」です。持続可能な発展への貢献を目指して、2010年に発表された、ISO26000では、CSRの7つの原則として「説明責任」「透明性」「倫理的な行動」「ステークホルダーの利害の尊重」「法の支配の尊重」「国際行動規範の尊重」「人権の尊重」を挙げています。

　本当にこれですべてがチェックできるのか。そう思われるかも知れませんが、一つの指針にはなると信じています。ちなみに、まだSDGsに何も手をつけていない友人の会社にチェックしてもらったところ53点という数字でした。

　1項目5×20項目の100点満点です。深く考えず、まずは直感でチェックしてみてください。その後で解説をお読みください。

STEP2 で目指したいこと

**自分の会社はSDGsという意識を持っているのか
SDGsを始める素地はどうなのかを理解してください。**

次ページ以降の一番下にある基準を参考に各項目に1〜5点を記入してください。

- [ ] 01 法令や規制を遵守していますか
- [ ] 02 事業や商品は環境や社会に配慮していますか
- [ ] 03 ゴミの分別やゴミの削減はきちんと行っていますか
- [ ] 04 電力の削減を行っていますか
- [ ] 05 脱炭素を目指していますか
- [ ] 06 地域と結びついて、地域を大事にしていますか
- [ ] 07 地域貢献活動、社会貢献活動を行っていますか
- [ ] 08 利益最優先の経営ではないと言えますか
- [ ] 09 男女平等の職場環境ですか　女性が働きやすい職場ですか
- [ ] 10 働き方改革に取り組んでいますか
- [ ] 11 高齢者、障がい者、外国人の雇用を行っていますか
- [ ] 12 社員の健康やメンタルに気を配っていますか
- [ ] 13 新たな雇用を創出することを目指していますか
- [ ] 14 下請けや取引先に無理を強いていませんか
- [ ] 15 取引先の拡大、事業エリアの拡大は意識して行っていますか
- [ ] 16 経営や事業について何でも相談できる方はいますか
- [ ] 17 技術革新を行っていますか　新規事業を創出していますか
- [ ] 18 自社の事業、商品やサービスに誇りはありますか
- [ ] 19 今までやってきたSDGsをきちんと言えますか
- [ ] 20 2030年、自分の会社の未来は明るいですか

あなたの会社は合計何点でしょうか?

法令や規制を遵守していますか

　「法令や規制を遵守していますか?」と聞かれたら、当たり前だ、ちゃんとやっている。そうお答えになる方が多いのではないでしょうか。しかし、胸に手を当ててもう一度ゆっくり考えてみてください。間違いなく守っている。そう言えますか。

　友人と食事をした領収書を接待費として落としたことはありませんか。家族でつかったタクシー代を交通費で落としていませんか。ホームページに掲載している商品の説明が誇大表現になっていませんか。また、業界や製品ごとに細かな規制が存在します。これぐらい良いだろう、勝手にそう判断していませんか。

　企業の価値を維持し、適切な企業活動を行うキーワードは「コンプライアンス（法令遵守）」です。企業に求められるコンプライアンスは年を追うごとに厳しくなっており、法令だけでなく、モラルや倫理観も守らなければならないのです。もう一つ挙げられるのが、**コーポレートガバナンス（企業統治）**です。ESG投資のGです。ここで、CSRを含めた3つの言葉を整理しておきます。

　CSRは企業の社会的責任です。あなたの会社の取引先や金融機関、株主、地域といったステークホルダーに対して、きちんと責任ある行動をしているかということ。コンプライアンスは、モラルや倫理観をきちんと守っているかということ。コーポレートガバナンスは、経営陣がきちんと統治しているかと捉えられがちですが、企業側が統治を行うのではなく、企業が健全な経営活動を行うために客観的に統制監視されることを指しています。改めてご理解ください。

- ●100%守っていれば5点
- ●思い当たることもあるが基本的には遵守しているのなら3点
- ●今まで気にしたことがなかったと思ったら1点

※基本的には5点・3点・1点です。中間だと思ったら4点ないし2点をつけてください

事業や商品は
環境や社会に配慮していますか

　SDGsが採択される1年前の2014年、イタリア国営放送が流した衝撃的な映像が、欧州で話題を呼びました。有名ブランドのダウン採取現場で、生きたままガチョウの羽毛をむしり取る。そのもがく鳥たちの姿を映し、動物虐待にあたると告発したのです。欧州ではこの映像が契機になって、残酷なダウン採取をするブランドの不買運動さえ起きました。作業員が一羽一羽の鳥を押さえこみ、無理やり胸から腹にかけての羽毛をむしり取るというライブハンドプラッキングは、多くのダウンメーカーが行っている手法で、時間と共に自然に採取されるダウンだけでは廉価での大量生産ができないので、この行為に及んでいます。

　このことがきっかけになり、ファッション市場で、「合成皮革＝安っぽい」「毛皮＝豪華」という、そんな旧来の価値観の転換が起きました。さらにSDGsの浸透が、毛皮、ダウン、皮革など動物素材をつかわないアニマルフリーという取り組みに発展しました。毛皮の不使用を宣言するデザイナーやブランドも増えました。毛皮のコートやダウンジャケットは多くの方がお持ちだと思います。これを、**動物虐待とお考えになりますか、それとも人間のためになっているから良いのでないかとお考えになりますか。**

　わが社は、セメントをトラックで運ぶ会社だ。脱炭素とは真逆だが、それで事業を行っているのだ。仕方ない。そうかも知れません。ここで私が言いたいのは、**「自社の事業、自社の製品、自社のサービスをSDGsという視点で、もう一度見直して欲しい」**ということです。

- 今までも、環境や社会を配慮した経営を行ってきた、これからも変わらないのなら5点
- 事業や製品をすべて見直して、これから改善策に積極的に取り組むのなら3点
- 自分の会社には無理、改善の余地はないと考えるのなら1点

ゴミの分別や削減は
きちんと行っていますか

17の目標にゴミの削減はありませんが、169のターゲットの中には何度も出てきます。

目標14でも触れましたが、海洋プラスチックはどんなに時間が経過しても、自然に還りません。マイクロプラスチックになって、半永久的に海面を漂います。海面を漂うマイクロプラスチックは風によって巻き上げられ、空に運ばれます。恐ろしいと思いませんか。**海洋プラスチックが結果的に空気中に漂い、森や農場にも降りかかり、われわれ人間もそれを吸い込んでいるのです。**結果的に、マイクロプラスチックを吸収した作物を口にしているだけでなく、日常的に肺に吸い込んでいるのです。この話を大学教授に聞いた時は驚きました。本当なのですかと聞き返したことを覚えています。

日本で最も深刻なのは、ゴミの最終処分場の不足です。家庭から排出される粗大ゴミや不燃ゴミは粉々にしたあと回収し、不燃破砕残渣や焼却残渣を最終処分場に埋めるのですが、その最終処分場が悲鳴を上げているのです。2020年に最終処分場の残余年数は、約22年という発表がありました。ゴミを埋める場所がなくなり、まち中にゴミが溢れ返るのです。

ゴミの分別をしないと、焼却処分される廃棄物の量が増え、環境汚染にもつながります。また、プラスチックを分別しないと、多くの温室効果ガスを排出し、地球の温暖化につながります。ゴミの回収後に、分別作業を行うことはほぼ不可能です。家庭や企業がゴミを出す段階できちんと分別しなければならないのです。自治体によって分別のルールが異なることにも気をつけてください。

- ゴミの削減も分別も、きちんと実施していれば5点
- 分別はやってきたが、削減はこれからであれば3点
- 分別も削減も社員任せで、会社としてはやっていなければ1点

電力の削減を行っていますか

　工場でもあれば、大量の電気を消費するだろうが、うちみたいに5人の会社で、賃貸ビルに入っているような会社は、節電できることは限られる。確かにそうかも知れません。でも、SDGsは世界中の人たちが目指す達成目標です。誰一人取り残さないだけでなく、**誰一人、「自分は関係ない」と考えてはいけないのです。**全社5人の会社でもできる節電対策をいくつかを提示します。

☆照明をLED電球に変える～消費電力は白熱電球の約20％、蛍光灯の約30％。大幅な節電につながります。

☆エアコンは省エネ設定に～夏は28度を目安に、冬は20度を目安にしてください。夏の設定を1度高くすると約13％の電力削減になり、冬の設定を1度低くすると、約10％の電力削減になります。暑がり、寒がりの方は服装などで対応してもらうようにしましょう。

☆古い電気製品の交換～まだ使えるからもったいないという理由で、古い冷蔵庫をつかっていませんか。最新の電化製品は、性能もアップし、消費電力も抑えられています。

☆サーバーの負荷を減らす～昔のメールを後生大事に残していませんか。1年前のメールが本当に必要ですか。企画書やパンフレットのPDFも同様です。社員の了解を取った上で強制削除を行っても良いと思います。

☆帰宅時OFFの徹底～エアコン、照明のスイッチを切る。全員のPCの電源を落とす。これを徹底するだけで、節電になります。

☆NO残業デーの実施～毎週水曜をNO残業デーと決めれば、節電につながるだけでなく社員の士気の向上にもつながるのではないでしょうか。

● 今までも電力削減は行ってきたという自信があれば5点

● 何となくはやってきたけど、これから徹底するのなら3点

● そんな細かいことまで気にしないというのなら1点

脱炭素を目指していますか

　地球は奇跡の星と言われているのは、色々な理由がありますが、基本は空気と水の存在と温度ではないでしょうか。水星は、昼側430度で夜側は−180度ですし、金星は平均471度、木星は−108度、土星は−138度です（資料によって若干異なります）。こんな星では、人間は到底生きていけません。それに対して地球全体の表面温度の平均は16度です。だから、私たちは生きていけるのです。

　今話題なのは温室効果ガスです。文字だけを見ると、悪者みたいに見えますが、温室効果ガスがなかった場合、宇宙を超えてやって来た太陽エネルギーは、また宇宙に戻って行ってしまいます。その場合、地球の表面温度は一気に氷点下になってしまいます。温室効果ガスがあるから地球上の生物は生きていけるのです。**問題なのは、地球全体の温室効果ガスの濃度が上がり続け、危険ゾーンに達しようとしていることなのです。**

　温室効果ガスは、二酸化炭素だけでなく、フロンガス、メタンガス、一酸化二窒素も含まれます。我々人類は産業革命以降、工業化・大量生産・大量消費を良しとし、二酸化炭素の大量排出を続けて来たことにより、温室効果ガスの濃度を上げてしまったのです。だから、脱炭素を目指さなければならないのです。

　この100年の間に0.72度の気温上昇が確認され、これからの20年で、その倍以上の1.5度の上昇が予測されています。このまま二酸化炭素を排出し続けると、絶滅危惧種と言われている4000種の生物が地球から消え、海面が上昇し、地球上の多くの場所で、洪水が起きてしまいます。一企業ができることは限られますし、二酸化炭素の削減量も限られています。確かにそうですが、日本中の会社が一致団結したら変わると思いませんか。

● 今でも脱炭素をきちんとやっているのなら5点
● 明日から積極的にできることからやっていくのなら3点
● うちの会社は関係ないし、無理というのなら1点

地域と結びついて、
地域を大事にしていますか

　私の親戚も、東京都豊島区で従業員8人の町工場を経営しています。元々生まれた場所でもありますし、近所づき合いもしています。しかし、地域に何か貢献しているのかと聞かれたら、NOと答えるしかありません。

　面倒くさいし、やれることも限られているし、時間もないし、何で中小企業の親父が地域貢献をしなくてはいけないのだ。そう思われる方が大半でしょう。でも、あなたがもし経営者なら、会社はあなたが生まれた場所にあるのではないですか。周りには同級生や学校の先輩や後輩がおられるのではないですか。

　私は長崎県で生まれ育ちました。小学校までは佐世保というまちで暮らしましたが、中高は大村という田舎町で過ごしました。佐世保も好きですが、大村はそれ以上に愛着があります。変に思われるかも知れませんが、隣の市である諫早には何の感情もありません。18年間長崎県で暮らしたにもかかわらず、その気持ちは変わりません。何でそうなのか。おわかりだと思います。**自分が生まれ育ったまちには、皆愛着があり、地元が大好きなのです。**もしかすると、あなたは今の会社があるところとは違う場所で生まれ育ち、たまたまそこにいらっしゃるのかも知れません。それでも、会社があるそのまちに、そして毎日を暮らすそのまちに愛着はありませんか。

　目標11「住み続けられるまちづくりを」を目指して、**住むまち、暮らすまちを好きになりませんか。誰も挨拶してくれないまちより、皆がおはようと言ってくれるまちが良いと思いませんか。会社も地域の住民なのです。あなたも地域の一員なのです。**

- 今でも地域の一員だし、役員もやっているのなら5点
- 地域の一員とは思っているし、地域と交流があれば3点
- 地域の方と全く交流がなければ1点

地域貢献活動、社会貢献活動を行っていますか

地域貢献、社会貢献、何でうちみたいな中小企業がやらなくてはいけないの。そう思われる方がほとんどでしょう。利益を上げて、社員に給料を払うだけで精一杯、そういう方が大半でしょう。全く資金的にも余裕がない、だったら社員の給料を少しだけでも上げてあげたい、そう思われるようでしたら、それで結構です。会社の経営にまで影響を与えるほどの、地域貢献・社会貢献を行う意味はありません。無理して地域貢献を行い、それが原因で会社が倒産したら何の意味もありません。

私はSDGsを学んで一つわかったことがあります。日本人は意外に「自分さえ良ければそれで良い」という感覚を持っているということです。利他の心、慮るといった精神が年々遠ざかっているような気がするのです。その証拠に、**日本は先進国の中で最も「寄付」という行為がない国です。どこの誰だかわからない人に、お金を恵む気が生まれない国民なのです。**嘘だと思ったら、欧米のホームページを覗いてみてください。寄付が当たり前に行われています。赤い羽根募金をしたことがある、そう仰るかも知れません。1000円でも結構です。あなたは寄付をしたことがありますか。何度も言いますが、無理をして、地域貢献、社会貢献をしてくださいというつもりはありません。ただ、その気持ちだけは持って欲しいのです。約束はできませんが、**地域貢献、社会貢献は、近い将来あなたもしくはあなたの会社に跳ね返ってきます。地域の人たちは間違いなく見ています。**これだけお世話になったのだから、あの会社、あの社長には必ず恩返しをしようと。

● 今でも十分地域貢献をしていれば5点
● 近いうちに地域貢献・社会貢献を必ず行うのなら3点
● 地域貢献をするくらいなら、会社の利益を上げるのであれば1点

利益最優先の経営ではないと言えますか

　利益最優先の経営を、悪いと申し上げるつもりは毛頭ありません。日本全国と言うより、世界中の会社が利益を上げるために日々を過ごしています。アマゾンもアップルもそれは変わらないでしょう。それでは、なぜここでこんなことを申し上げるのでしょうか。一言で申し上げると社会が変わったからです。極論すると、利益最優先の会社は、社会から認められなくなったのです。

　例えば、2022年4月に起きた北海道での遊覧船事故。多くの方が、「あの社長、儲けしか考えてなかった」と感じられたのではないですか。

　では、どういう会社が良い会社なのでしょうか。意見は様々あるでしょうが、個人的には、「社員一人ひとりが、自分が何をすべきかを理解し、全員が同じ方向を目指している会社」ではないかと考えています。

　一口に経営と言っても、やらなくていけないことはヤマほどあります。資金調達、製品管理、社員教育、人材採用、商品企画。四文字熟語が並びましたが、朝から晩まで利益のことしか口にしない会社が理想の会社になれるでしょうか。**利益最優先でも良いのです。ただそれ以上に、社員のこと、事業のこと、会社の未来のことに気を配って頂きたいのです。**

　若い社員は、いつも利益のことしか言わない、怒ってばかりいる経営陣にはついて来ません。褒めすぎと言われるくらい褒め上手の上司が好きなのです。**縁があって、入社された方たちです。社員最優先、そして社会的にも価値を認められる会社にしませんか。**

- 創業した時から利益最優先にはしていない。社員のこと、地域のことすべてに気を配っていれば5点
- 利益最優先という方向で経営を行っているが、なるべく口にしないようにしているのなら3点
- 利益最優先なので、社員全員にも徹底させているのなら1点

男女平等の職場環境ですか
女性が働きやすい職場ですか

　女性の方が社長の会社であれば、この項目は関係ないかも知れません。当然、男女平等の職場でしょうし、常に働きやすい環境を考えておられると思います。最近では、女性を積極的に幹部に登用する大企業や、起業する女性が増えているのも事実です。女性の目線で女性特有の課題をITで解決するというフェムテックも目立つようになりました。

　しかし、帝国データバンクの調査によると、**2020年時点で全国の女性の社長比率は8.0％しかないのです。それでも、1990年時点より3.5ポイント上昇しました。いかに、日本の企業自体がいまだに男社会であるか**がわかります。

　多くの途上国では、未だに男女差別がまかり通っていますし、欧米も100年前までは男社会でした。日本だけではないのも確かです。古来、家にいても役に立たない男は狩猟に出て、自分ができること、やるべきことを理解しました。その後も、家にお金を持って帰らなければいけないと考えた男性は、**男性に都合の良い社会を構築していったのです。**世界中、それはほぼ変わらないと思います。**もう一つ大きな理由は子育てです。**今でこそ、男性も育休を取得する時代になりましたが、子供は母親が育てるものという考え方が当たり前でした。働き盛りの30代を子育てに費やし、職場復帰したら、同期に完全に置いて行かれていたという女性がほとんどでした。業種にもよりますが、新卒採用の面接においては圧倒的に女性の方が優秀という話をよく耳にします。家庭にいるとおわかりですよね、本当は女性の方が優秀だと思いませんか。

● 創業時から男女平等を貫いてきた。女性幹部社員もいれば5点

● 男女平等だとは思っているが、よく考えると、給与体系や評価では
　差をつけていたかも知れない。すぐに改めるのなら3点

● 別に気にしていない。これからも今まで通りというのなら1点

働き方改革に取り組んでいますか

SDGsが採択された翌年の2016年に「働き方改革実現会議」が設置され、2018年に「働き方改革関連法案」が成立、2019年に「働き方改革関連法」が施行されました。SDGsの目標8と目標10の実現のためにも重要な国の施策です。**「働き方改革」は、働く方々が、個々の事情に応じた多様で柔軟な働き方を、自分で「選択」できるようにするための改革である**と厚労省は定めています。

「働き方改革」は、我が国雇用の7割を担う中小企業・小規模事業者において、着実に実施することが必要なのです。魅力ある職場とすることで、人手不足解消にもつながります。取り組みに当たっては、「意識の共有がされやすい」など、中小企業・小規模事業者だからこその強みもあります。

ポイントは2つあります。**①働き過ぎを防ぐことで、働く方々の健康を守り、多様な「ワークライフバランス」を実現できるようにすること。②同一企業内における正社員と非正規社員の間にある不合理な待遇の差をなくし、どのような雇用形態を選択しても「納得」できるようにすること。**

時間外労働の上限規制、年5日の年次有給休暇の取得、月60時間超の残業の割増賃金率引き上げ、労働時間の客観的な把握などです。大企業の多くは、実施に踏み切っていますが、あなたの会社はいかがですか。全く何も手をつけていないという会社は少ないと思いますが、100%行っているという会社もほとんどないというのが現状ではないでしょうか。

- すでに実施しており、働き方改革が実現しているのなら5点
- 取り組んではいるが、志半ばなら3点
- 働き方改革という言葉は知っているが、うちの業態では無理と判断したのなら1点

高齢者、障がい者、外国人の雇用を行っていますか

　病気や障がいなどの理由から外出困難な方の移動の制約を克服し、その場にいるようなコミュニケーションを実現する分身ロボット「オリヒメ」。東京日本橋にある「分身ロボットカフェDAWN」では、ロボットを操作するパイロットとして、自宅からオリヒメを遠隔操作してスタッフとなり、接客を行っています。**今まで「働く」ということを諦めていた身体の不自由な方たちに就業の場を与えた**のです。そのパイロットに会いたくて通う方も多いそうです。開発者の吉藤オリィさんは、小学生のころ不登校でした。自分と同じように学校に行けない子供たちが、みんなと授業が受けられて、まるでその場所にいるかのように、周りも自分の存在を感じることができる、そんなツールをつくれないかと考え、オリヒメのアイデアが生まれました。この話を聞いた時、感動しました。SDGsを正に具現化したストーリーだと思います。

　IT関係の会社を経営している知人がいます。従業員は約20人。日本人は5人だけ。残りはベトナム人です。アルバイト感覚で1人を採用したら、その方のスキルが高く、日本語も堪能。それから、ベトナムの大学の日本語学科の方を積極的に採用するようになったそうです。給与は日本人の平均給与に比べたら低いものの、ベトナム現地の平均給与よりはかなり高額で、今ではその学科の中で、人気企業になっているそうです。

　中小企業の経営者の皆さんにお願いです。**単に高齢者・障がい者・外国人というだけで、採用しないという考えだけは捨ててください。**一般の方と同様に採用面接を行ってください。

- 現に、高齢者・障がい者・外国人が社員にいるのなら5点
- 今はいないが、今後は採用するというのであれば3点
- 今でさえ、ギリギリの状態でやっているのに、足手まといになるような人は採用しないのなら1点

社員の健康やメンタルに気を配っていますか

「ちょっとお腹が痛いので、今日は休ませてください」「何だ、そんなことくらいで休むのか。明日は来るのだろうな」。そんな会話、昭和では当たり前でした。社員の前で平気でタバコを吸う社長、社員を罵倒する社長、そんな画像もテレビで流れていました。今は、そんなことを言ったり、行動したりするだけで法律違反です。2008年、**「企業は従業員に対して生命や身体の安全を確保しながら働けるように配慮する義務がある」**という労働契約法が施行されました。経営者は雇用者に対して生命、身体の危険から保護するための環境を用意する「安全配慮義務」を遵守しなければならないのです。これは、身体面だけではありません。心のバランスへの配慮も必要なのです。労働契約法自体に罰則規定はありませんが、裁判に持ち込まれる事例は後を絶ちません。

安全配慮義務には、次の4つがあります。「過重労働により、心身の健康を害さないために、労働時間や休憩・休日、休憩場所、人員配置などの労働条件を適正に保つこと」「健康診断やメンタルヘルス対策を行い、雇用者の心身の健康状態の把握と健康管理に努めること」「雇用者の病歴、持病、体調状態などを考慮した業務配置を行うこと」「病気やケガをした場合に適切な看護や治療を行うこと」

社員の健康管理も経営の義務であることを、改めてご認識ください。定期的な健康診断はもちろんのこと、産業医を配置し、健康相談窓口を設けることも有効です。社員がいなければ会社自体が成り立たないのです。社員にやさしい会社になってください。

- 社員の健康を常に意識し、すでに対策を講じていれば5点
- 今までも意識しているつもりだったが、詳しいことは知らなかった。これからはもう一度勉強をして対策を講じる、のであれば3点
- 健康は基本自己管理、会社として必要ないのなら1点

新たな雇用を創出することを
目指していますか

　ITの進化とインターネットの発達により、多くのビジネスや雇用形態が変化しました。例えば、日本郵便のドル箱だった年賀状。ピークだった2003年の44.6億枚から、2022年は半分以下の18.2億枚に激減。この1年でも1億枚以上減少しました。近い将来、年賀状という文化自体がなくなる可能性もあるのです。今ではほどんど見なくなりましたが、以前は多くの会社に電話交換手さんがいました。代表番号しかなく、すべての電話を交換手さんが受け、各部署につないでくれていたのです。若い方々に、こんな話をしても、全く通じないでしょうね。

　これからの20年、AIの進化により今の職種の半分はAIに取って代わられるという推測もあります。そのような時代の中で新たな雇用を創出するということは、実は大変なことかも知れません。しかし、ITもSDGsも避けて通ってはいけないものです。味方につけたらいかがでしょう。ITにもSDGsにも関係ない業種やビジネスはない、私はそう信じています。

　雇用の拡大を目指すということは、すなわち事業を拡大し、売上の拡大を目指すということです。簡単ではありません。自社が発展することを願わない従業員はいないと思います。夢を追いかけて、それを諦めない会社には間違いなくついてきてくれます。

　どうやったら事業を拡大できるのか、今の自社の事業にSDGsという視点を加えることにより、何かできることはないのか。DXを推進することにより、何か新しいことはできないか。1人で考えないで、皆で話してみてはいかがでしょう。

- 常に前向きに考えている、今後も雇用の拡大を狙うのなら5点
- 今のままでは会社の将来に不安を感じている。何ができるかわからないが、みんなで一緒に考えてみるのなら3点
- 今のままで良いのであれば1点

下請けや取引先に
無理を強いていませんか

　SDGsの原点は、思いやりです。何度も申し上げますが、自分の会社だけが利益を上げれば良いという時代は終わりました。利益を拡大するための、一番簡単な方法は、原価を下げることです。社会人なら、誰でもわかっています。「この部品、単価をあと100円下げて欲しい。その代わり、1000個発注するから。」このような会話は、日本全国で日常的に交わされているでしょう。しかし、あなたの会社はこれで10万円の利益を出せるかも知れませんが、下請けの会社は10万円利益を損失しているのです。良いではないですか、うちの会社だって苦しいのだから。それは、単なる言い訳です。**下請けさんがいるから、あなたの会社は成り立っているのです。価格を精査するということと、無理を強いることは違います。**だから、相見積もりというシステムがあるのです。

　注意しなくてはいけないのが、下請けさんと馴れ合いになることです。相見積もりを取ることもなく、何年もその会社に発注しているケースもあるはずです。しかしその場合、その原価が一般的に見て高いということもあり得ます。気心が知れているからといって、安易に業務を進めるのではなく、緊張感を持って日常の業務を行うべきだと思います。

　仕事の基本は、WIN−WINです。お互いが緊張感を持って、お互いのことを思いやって、1つのことを成し遂げて、お互いに納得がいく利益を得ましょう。日本に古来より伝わる、「売り手良し」「買い手良し」「世間良し」という三方良しという考え方を基本に、事業を遂行しませんか。

- 常に相手のことを考え、無理を強いたことがないのなら5点
- 無理を強いたことがないと言えば嘘になる。しかし、今後は十分注意し、社員にも徹底させるのなら3点
- 自社の利益が最優先だ、これからも変わらないのなら1点

取引先の拡大、取引エリアの拡大は意識して行っていますか

　料理人が冒す一番の勘違いをご存知ですか。「俺の料理は日本一美味しい。黙っていても客は必ず来る」という勘違いです。東京の銀座の一等地に店を出したら、それで通るのかも知れませんが、地方都市の郊外に店を出したのでしたら、それでは厳しいでしょう。その店でしか食べられないオンリーワンのラーメンだったら別ですが、単に美味しいということが自慢でしたら、繁盛するまでに時間が必要です。

　電子部品や工業製品も同じです。あなたの会社でしかつくっていないオンリーワンのプロダクトでしたら、営業行為も知名度アップの行為も必要ありません。ホームページで紹介して、業界内で話題になるだけで、間違いなく売上は拡大します。でもそんな会社、日本にいくつありますか。ほとんどの会社は、競合との差別化が必要であり、うちの会社（製品）は、ここが優れている（廉価だ）ということを理解して頂く営業行為が必要なのではないでしょうか。あなたの会社は、それをどうやって実行しておられますか。

　今の取引先だけで十分ですか。もし何らかの理由で、その取引先が倒産してしまったら、取引停止を申し渡されたら、どうするのですか。**事業の継続、事業の拡大のためには、取引先の拡大や、取引エリアの拡大はマストです。そのための1つの要素として、SDGsは実に有効なのです。**

　「なるほど、これからの社会にはSDGsという視点からも、こういう製品が必要ですよね。早く、試作品持って来てください」。そんな商品を開発するだけで、取引先があなたの会社を見る目が変わってくるのです。

- ●SDGs視点で、取引先、取引エリアの拡大を積極的に狙ってみたいのなら5点
- ●どうなるかわからないが、とりあえず試してみるのなら3点
- ●そんなの無理だと思われるのなら1点

経営や事業について
何でも相談できる方はいますか

　なぜこんな項目が入っているの。そう思われた方も多いと思います。簡単です。一人の目線、**一人の考えで経営を行っているより、複数の目線で考えたほうが、より良い会社になるからです。**偉大な経営者は、1人で考えれば良かったのかも知れません。その方にカリスマ性があり、その方と会いたいがために、その会社と取引する、そんな会社いくつあるのですか。もしあなたが社長だとして、会社を成長させ続けてきたとしても、相談相手はつくりましょう。

　現在、ほとんどの上場企業が社外取締役制度を設けています。なぜだか、おわかりですか。子飼いである社内の取締役だけでは、役員会を行っても、イエスマンしかいないケースがあるからです。イエスマンは可愛いです、何も文句を言いませんし、あなたの言うことにすべてついてきてくれますが、本当にそれで良いのですか。

　社長は独裁になりがちです、社長の言うことに反旗を翻す社員はほとんどいないでしょう。目指す方向が、間違ってはいないとしても、30％の修正の余地があるとしたらどうしますか。基本的には間違っていなくても、30％の修正ができなかったために、失敗に終わる可能性もあるのです。

　ある程度の規模の会社になられたにせよ、社長及び経営陣の相談相手は必要です。社長の立場からすると、「ここまでやって来た、相談相手なんて必要ない」。それが本音なのかも知れません。しかし、会社は個人のものではありません。会社の皆さんのものです。**10年後も20年後も会社を存続させ、発展を目指すためにも、社長及び経営陣の相談相手をつくってください。**

- ●現時点で、何でも相談できる相手がいるのなら5点
- ●これから、相談相手を探してみるのなら3点
- ●相談相手はいないし、これからも変わらないのなら1点

技術革新を行っていますか
新規事業を創出していますか

　中小企業の方に話を聞いた際に一番多い悩みがこれでした。今まで、過去の遺産で事業を継続してきたが、これからのことを考えると、新商品を開発しなくてはいけないのだが、そんな余裕もないし、開発できる人材もいない。どうして良いのかわからない。そのまま時間だけが経過し、新規事業も新商品も開発できずに、会社を畳んでしまうというケースも少なくないようです。悲しくありませんか。**創業当時はユニークで一世を風靡した会社（商品）であっても、それだけで市場をキープできる時間は限られます。**新規事業・新規商品の創出は、あらゆる業種のあらゆる会社にとって永遠のテーマなのです。

　私は、どんな会社であっても、他社に負けない競争力がある製品（サービス）が創出できると信じています。あなたの会社は、その製品（サービス）で何年も、いや何十年も、その業界でビジネスをしてこられた訳です。だったら、市場が何を求めているのかを、何となくはお気づきではないですか。技術革新とまでは行かなくとも、**SDGs視点で、新しい視点の新しいプロダクトやサービスを生み出してみませんか。**

　SDGsを日々学んでいると、「ああこんな視点もあったのか」と思うことが多々あります。この3年間で知識の幅も広がりました。もっと早く、SDGsに出会っておけば良かったと思っています。そんな簡単に新規事業や新商品を開発できるのか、そう思われるかも知れません。難しいと思います。良いではないですか、**難しいことを実現するのがビジネスの本質なのですから。**

- 常に新規事業や新商品を考えているのなら5点
- 明日から、SDGs視点で新規事業や新商品の開発に取り組んでみるのなら3点
- 新しいことなんてうちの会社では無理というのなら1点

自社の事業、商品やサービスに誇りはありますか

　ブランド品という言葉は日常的につかわれています。では、ブランドという言葉の語源をご存知ですか。元々は自分が飼っている牛が、他人が飼っている牛と紛れた場合、「俺の牛だ」ということを誇示するために、牛に焼き印を押していました。その焼き印がブランドの語源になったそうです。それがやがて、消費者の立場から見て、誰がつくった商品なのかを識別する象徴となり、現代ではその会社がつくったもの、そのデザイナーがデザインしたものを選定する際の拠り所になりました。

　では、ブランド力を上げるということはどういうことなのでしょうか。まずは、取引先（お客様）があなたの商品を指名買いし、リピーターになって、他社製品を買わなくなることでしょう。そうなると、取引先との交渉にあたって、あなたの会社の立場が有利になり、価格交渉や取引条件も優位に運べるようになります。必然的に、その商品を販売している社員の方も、自社の製品、そして自分が働く会社に誇りを持つようになり、もっと上を目指そうと思うのです。そうです。**自社の事業、商品やサービスに誇りを持つということは、自社のブランド力を社員と共に上げていくということなのです。自分の会社が大好きで、自社の事業や製品に誇りを持っている社員がいる会社は、間違いなく成長します。**

　そのために、あなたは何をしなくてはいけないのか。まずは、自社の製品を業界最高レベルに持ち上げることです。**常に情報を収集し、妥協せず、前を向いて業務を遂行する。そして、その姿を社員に見せることです。**格好良い上司の姿は、皆が見ていますし、皆がついて来てくれます。

● 常に自社の事業・製品に誇りがあるのなら5点

● 誇りを持ちたいとは考えているが、まだ道半ばなら3点

● 安さを売りにしているし、それを大量製造、大量販売して利益を得ている。なのでブランド力なんて必要ないというのなら1点

今までやってきた
SDGsをきちんと言えますか

　今までやってきたSDGsには2つあります。SDGsとは気づかずにやった けど、あれはSDGsの一環だった思うこと。例えば、自分が綺麗好きなの で、社員に整理整頓を徹底させ、ゴミの分別とゴミの削減をずっと奨励し てきたというケースです。もう一つは、SDGsに少しでも近づこうと思い、意 図的にやってきたことです。例えば、電気消費量を少しでも削減しなけれ ばと考え、照明をすべてLED電球に替えたとかです。

　今までやって来たSDGsを整理する。それは、あなたの会社でSDGsをス タートさせる最初の一歩です。下記にいくつか、例を挙げてみました。あな たの会社はいかがですか。

- 創業当時から男女平等の職場をつくってきた
- 働き甲斐のある職場づくりを目指してきた
- 帰宅の際は、必ずパソコンの電源を落とすよう指示してきた
- 下請けさんとも常に対等の立場で話してきた
- つくる責任を常に考えてものづくりを行ってきた
- 原材料の仕入れ先、出所には常に気をつかってきた
- 町内のボランティアには積極的に参加してきた
- 常に節水や節電を口にし、実行させてきた
- 外国人の研修生を受け入れてきた

　大企業に一番必要なのはモラルであり、ガバナンスです。中小企業に一 番必要なのは、リーダーシップであり、思いやりだと思います。

- 今までやってきたSDGsが5個以上列記できたのなら5点
- 今までやってきたSDGsが3個列記できたのなら3点
- 今までやってきたSDGsがない、あるいはやってきた自信がないのなら1点

2030年、
自分の会社の未来は明るいですか

　2030年、そう、SDGsが期限を迎える年です。そんなに遠い未来ではありません。あなたの会社の2030年は見えていますか。大きく3つにわかれるかも知れません。

　例えばガソリンスタンドを3店舗経営しているあなた、不安で仕方がないでしょう。スポーツジムを経営しているあなた、そんなに今と変わらないのではと考えておられるのでは。東京の最新の不動産テック企業と連携してスタートアップしたあなたにとっては、未来は明るいだけだと思います。単なる推測ですが、**中小企業の皆さんにとっては未来が不安だと思う方が多いような気がします。**

　地方は幾分緩やかかも知れませんが、東京は目まぐるしく時代が変化しています。ITは信じられないスピードで進化しています。2030年という未来が不安な方は、そのトレンドについていけないと思う方、もしくは化石エネルギーから再生可能エネルギーという世界の絶対的なトレンドに自分だけでは抵抗できないと考えている方ではないでしょうか。

　2030年には、EVもしくは水素エネルギーのクルマが主流になることは間違いないでしょう。しかし、だからと言ってガソリンスタンドはすべて廃業しなくてはいけないのでしょうか。EVや水素エネルギーのステーションになる、それもあるでしょう。親会社とも言える、大手石油会社は次世代のエネルギー産業を目指しています。しかし、長年地元のキーステーションとなっている、あなたのガソリンスタンドが**親会社と同じことだけを目指す必要はない**と思うのです。考えてみましょう。

- 自分の会社の2030年がはっきり見えているのなら5点
- はっきりとは見えていないが、何をすべきで、どこに向かうべきなのか、が何となく見えているのなら3点
- 明日が見えない、2030年なんて全くわからないのなら1点

あなたの会社は何点でしたか？

　この20のチェックリストは、SDGsに関する資料をもとに、私が作成しました。他にもいろいろな観点からリストをつくることは可能でしょうが、解説を書いてみて自分でも納得することができました。**この20の項目で、あなたの会社が社会に対してどう向き合ってきたか、SDGsスピリッツを持ち合わせているかどうかがおわかりになると思います。**

　SDGsに何も手をつけていない従業員約100人の会社の常務と主任に、この項目で自己採点してもらいました。すると、常務の採点は79点、主任は58点でした。目の前で口論が始まりました。「君、それはないだろう。社長の下で、私は会社の改革に取り組んできた。結果も残してきたと思っている」「常務、お言葉ですが、私はこの会社に来て5年になります。前の会社の社長は本当に厳しい方でした。これらの項目のほとんどすべてがYESだったと思います。今のこの会社は失礼ですが、まだまだ緩いと思います。働いている分には楽ですが」「そうか、そういう視点で見たら、こういう点数になるのか。悪かった」「いえ、私もちょっと厳しすぎました。常務、私はこの会社が大好きです。言うことは言いますが、ついていきます」「ありがとう」

　おわかりだと思います。**同じ会社で働いていても、厳しい評価をする方と、緩い評価をする方では点数が全く違ってくるのです。**
　SDGsを始めようと思われたら、社員の皆さんとこのチェックを行ってみてください。社員の点数と経営陣の点数は、おそらく違うでしょう。なぜ、その評価をしたのかを聞いてみてください。社員の皆さんが会社を、そして経営陣をどう考えているのかがわかるでしょう。社員の話を聞くこと、そして社員皆と会社の未来を考えてみること。そこから始めるのは、本当に良いことだと思います。

最初から80点の会社なんてありません。
3年後に80点を目指せばいいのです。

うちの会社もSDGs始めます。社員の皆さんに誇りを持って仕事に臨んで頂きたいと共に、会社の未来を明るくしようと思うからです。皆さん、20項目のチェックはして頂けましたか。ちなみに、私自身は厳しいのかな、65点でした。

私は61点でした。環境や社会に意識して配慮したことがありませんでした。SDGsをもっと勉強させてください。SDGsチームをつくられるのでしたら、ぜひその一員に加えてください。

私は64点でした。最近、脱炭素という言葉をよく目にするのですが、やっと意味がわかりました。うちの会社で脱炭素対策として、何ができるかを考えたいと思います。

私は68点でした。生まれた時からこのまちに住んでます。このまちが大好きです。友達もたくさんいます。何かこのまちに貢献できること、このまちのためになることができればと思います。

すみません、私は54点でした。実は先日下請けさんに無理をお願いしてしまったのです。いけないことだったのですね、反省しています。今まで、自分の営業成績や利益だけを考えていました。

私はあまいのかな。71点をつけてしまいました。社長、私もあと3年で定年です。今までやったことがないのですが、新規事業を考えてトライさせて頂けませんか。

STEP

03

なぜ SDGs に取り組むのかを
明確にしましょう

なぜSDGsに取り組むのかを
明確にしましょう

　社長、SDGsを始めると聞いたのですが、何のためにやるのですか。やる意味あるのですか。

　必ず、社員からこの質問があるはずです。その時、社長が、「これから考える」と答えてしまったら、そこで終わりになってしまいます。**SDGsは社員全員が取り組むことが前提です。そのためにも、何のためにSDGsを始めるのかという目的を明確にしましょう。**

　SDGsに取り組むメリットは様々あります。その中でも中小企業の皆さんに関係があり、重要と思われるポイントをピックアップしてみました。この中から、あなたの会社にとって最も重要であるというものを選択してください。

　複数の目的に取り組みたいということでしたら、その優先順位を決めてください。目的が決まった時が、あなたの会社のSDGsのスタートです。

STEP3 で目指したいこと

あなたの会社は何のためにSDGsに取り組むのですか。
経営陣の一存ではなく、社員の皆さんと決めてください。

まずは、会社が抱えている課題を抽出してください。

5年後の会社の未来を考えてみてください。

増資や株の公開を目指すためにSDGsに取り組みますか。

認知度を上げ、好イメージを構築するためにSDGsに取り組みますか。

取引条件や取引先の選定に有利になるためにSDGsに取り組みますか。

良い人材の獲得を目指すためにSDGsに取り組みますか。

社員の意識向上を目指すためにSDGsに取り組みますか。

業務や就労環境の体質改善のためにSDGsに取り組みますか。

社会や消費者のニーズを知るためにSDGsに取り組みますか。

新規事業・新商品の開発のためにSDGsに取り組みますか。

新たな顧客の発掘や事業の拡大のためにSDGsに取り組みますか。

人脈やネットワークの拡大のためにSDGsに取り組みますか。

疎かにして良いことは一つもありません。
会社を発展させることも、
会社を強くすることも経営陣の重要なミッションです。
優先順位を決めて、スタートしましょう。

まずは、会社が抱えている課題を抽出してください

　人間、誰しも悩みを抱えているように、悩みがない会社なんてありません。あなたの会社の悩みは何ですか。

　「コロナ前に比べて、売上が激減した。今さら、新しい事業をスタートさせる資金もないし、どうして良いのかわからない」という深刻な悩みを抱える方も多いと思います。

　申し訳ございませんが、これだけをお聞きしても解決策はご提示できません。お聞きしたいことはヤマほどあります。

- ● **あなたの会社が製造あるいは販売している商品は何ですか**
- ● **その商品の市場性・未来性はどう捉えておられますか**
- ● **あなたの会社の業界及びエリア内での位置はおわかりですか**

　まだまだあります。もし、私があなたの会社の経営コンサルタントになったとしたら、まずは三日三晩、あなたと話し、会社の事実とお考えをお聞きすることから始めます。

　改めてお聞きします。自社の現状を分析し、1年後・3年後・10年後の未来を考え、経営計画を作成したことはありますか。

　年商100億円以上の企業、あるいは起業して間もないが、将来は大きくしたいと考えている企業は、間違いなく経営計画を立案し、社員にそれを徹底しています。勝手で失礼な想像かも知れませんが、日本の99%を占める中小企業のほとんどは、経営計画を立てずに、経営を行っているのではないでしょうか。

　SDGsをスタートするということを、別の視点で捉えると、会社及び自社の経営をすべて見直すということです。

　このSTEPで、まずやって頂きたいのは、自分の会社を見直すこと、自分の会社を客観的に見ることです。経営・製品・市場・人材、企業には様々な要素が存在します。右ページに列記したのは、想定される課題の一部です。冷静に自分の会社を捉えてみましょう。

想定される課題を質問形式でまとめてみました。
まだまだあると思います。

資金面	・金融機関との関係は良好ですか ・増資や株の公開を考えていますか
認知度 イメージ	・会社の認知度は十分と言えますか ・どういうイメージを持たれていますか
取引先	・現在の取引先に不満はありませんか ・新しい仕入れ先は必要ありませんか
人材面	・人材の確保はきちんとできていますか ・社員の高齢化が進んでいませんか
社員の意識	・社員に帰属意識はありますか ・関係が良好でない社員はいませんか
社内システム 就労環境	・就労環境や体質の改善が必要ですか ・評価や給与システムに課題はありますか
市場性 市場把握	・製品や商品に将来性はありますか ・市場規模や業界を把握していますか
新規事業 新商品の開発	・新規事業、新商品開発は行っていますか ・開発を行う時間や人員は十分ですか
顧客拡大 事業拡大	・顧客拡大、事業拡大を行っていますか ・事業拡大の戦略は考えていますか
ネットワーク	・人脈やネットワークは十分と言えますか ・業界内での人脈はできていますか
社会の流れ	・年々市場自体が縮小していませんか ・ITの進化に対応できていますか

5年後の会社の未来を
考えてみてください

　あらゆる業界に変革の波が押し寄せています。10年後には多くの職業がなくなるとも予測されています。

- 大型流通チェーンが郊外に出店したために、
  多くの駅前商店まちがシャッター商店街と化してしまいました。
- 回転寿司チェーンが全国展開を行った結果、
  まちのお寿司屋さんが姿を消しました。
- 電子書籍が一般化し、まちの本屋さんはやっていけなくなりました。
  ビデオレンタルという業態も過去のものとなりました。

　駅前商店、お寿司屋さん、本屋さん、皆その土地に根付いて商売を続けてこられました。昭和の時代には、自分の仕事が窮地に追い込まれるとは誰も思わなかったでしょう。

　ITによって、あらゆる業界が変化を余儀なくされています。これからの5年間、さらにそのスピードは加速し、大都市だけでなく、地方のビジネスにも影響を与えます。

　例えば、どこにでもある駅前のホテル。予約もチェックインも支払いもカードとスマホがあれば大丈夫です。フロントは必然的に不要ということになります。監視カメラによるチェックも外部に委託すれば、必要なのはベッドメイクを行う清掃員だけとなってしまいます。社長1人で、パートを数人雇うだけで、ホテルが経営できるのです。

　これから大きく変わり、大きな可能性を秘めていると考えられているのが農業です。カルビーは日本で一番ジャガイモを生産していますし、オイシックスのように、生産者と直接契約して、消費者に販売する会社も増えてきました。アグリテックを活用し、ビジネスという視点で農業を起業するスタートアップも増えました。農作物をつくるだけの農家と、それをバックアップする農協という農業界の構図も大きく変わるでしょう。

まちのクリーニング店は皆さん右肩下がりです。5年後を考えたら打開策が必要です。

全国のクリーニング店は、毎年4000店舗前後減少し、この20年間でほぼ半減しました。現在全国で約8万店が営業しているそうです。カジュアルなファッションが主流になり、マーケット自体も減少。まちのクリーニング屋さんは、例外なく未来に不安を抱えています。そんなまちのクリーニング屋さんに何かしらの打開策はあるのでしょうか。

SDGsの基本にある3Rの視点をクリーニング店に

- リデュース（Reduce）… ゴミにしない、ゴミを減らす
- リユース（Reuse）……… 繰り返しつかう
- リサイクル（Recycle）… 資源として再利用する

お洋服・お着物 お預かりします	タンスに眠っているお着物、半年着ない冬服やコートを当店が最高の状態でお預かりします。必要になったらお申し出ください。 **➡ レンタルスペース業者との連携**
着なくなった お洋服は ありませんか	クリーニングに出す服と一緒に、もう着なくなったお洋服もお持ちください。必要としている方がいるかも知れません。 **➡ 古着屋との連携、恵まれない方への寄付**
学生服 お下がりに 協力してください	2010年に誕生した「学生服のリユース」が全国に浸透しています。兄弟では当たり前だった、お下がりという概念を進化させました。クリーニング店でもすぐに始められます。

増資や株の公開を目指すために SDGsに取り組みますか

　私は金融コンサルタントではありません。あくまでSDGs研究者であり、実践家です。従って、SDGsの視点が増資や株の公開に有利に働くという論点で書かせて頂きます。

　日本には政府系・金融機関系・外資系などのベンチャーキャピタルや、将来の新規事業を発掘するために大手企業が設立したCVCC（コーポレートベンチャーキャピタル）などの数多くの投資会社が存在します。そして、彼らは常に新たな投資先を探しています。あらゆる視点で投資先の選定を行いますが、共通した考えがあります。

　「その投資先は、今までにない新しい視点で事業を行っており、将来的にも有望か。社会的にも価値のある企業か」

　それにぴったり当てはまるのが、SDGs視点でのビジネスなのです。その証拠に、起業家コンテストに最も多く登場するのも、SDGs関連ビジネスの方たちです。

　SDGsに関係しないビジネスはない。私はそう思っています。現在の事業や製品が何であろうと、SDGs視点で見直すことにより、新たな事業や製品が生まれる。その強い意志を持って、SDGsに臨んでください。必ず、活路は見出せます。

　もう一つ大きなメリットがあります。**SDGs視点のニュービジネスやニュープロダクトはニュース性があり、注目度が高いのです。**もちろんメディアに取り上げてもらうための施策を講じる必要はありますが、取り上げられる可能性が高いのです。メディアに取り上げられた時点で、あなたの会社そしてあなた自身の知名度と信頼度は大いに高まります。それは**結果的に、増資や株式の公開の際にも好影響を及ぼします。**

　金融機関もSDGsに注目しています。SDGsを始めると金融機関に伝えたら、間違いなく協力してくれます。SDGs関連の融資や支援を行っている金融機関も増えました。**SDGsをやって損はない、そう考えてください。**

地元で何年も地道に事業を行ってきた会社と
最初から株の公開を狙っている会社の視点は全く違います。

地元家具屋の3代目社長、田中一郎。56歳。現在2店舗を経営している
が、隣の市に土地が出たので3店目を出したいと思い、銀行に融資を頼
みに来た。

銀行 「融資希望額はおいくらですか」
田中 「3億円程度お願いできれば」
銀行 「今の2店舗の年商、併せて2億円ですよね、
　　　大丈夫ですか。それに新店舗出すの初めてですよね」
田中 「親から継いだので借金もあまりありませんし、
　　　この物件、立地も良いから、きっとうまく行きます」
銀行 「根拠はありますか」
田中 「うちは創業60年です」
銀行 「今日はこれ以上、お話できません。
　　　次回来られる時は、事業計画書をお持ちください」

困ったな、どうしよう。事業
計画書なんて書いたことな
いし。誰に相談しよう。3
店舗目、諦めるか。

大学在学中からパン職人を目指し、専門学校にも通う。卒業後、東京の
パン屋で修業。そこでパンのAI認識レジと出合い、Uターンして地元パ
ン屋のコンサルとネットワーク化を狙って起業。上向二郎。30歳。

よし、やるぞ。パンの原料の共
同仕入れと、新メニュー開発の
コンサルも進めよう。

銀行 「融資希望額はおいくらですか」
上向 「2000万円お願いできれば。私自身が店を
　　　持つ訳ではなく、AI認識レジの販売代理店と
　　　パン屋さんのコンサルをやるだけなので」
銀行 「そのレジ、そんなにすごいのですか」
上向 「トレイにパンを載せたままで、パンの種類を
　　　認識し、価格を算出するのです。最初見た時、
　　　ビックリしました。その会社の社長には、
　　　このエリアでの販売権は了解頂いています」
銀行 「次回、もっと詰めた話をしましょう」

認知度を上げ、好イメージを
構築するために、SDGsに取り組みますか

　毎日、何らかのかたちで広告をご覧になると思います。広告を実施する目的は、大きく分けると2つあります。

　一つは、ズバリその商品を売るためです。商品の認知度を上げ、購入してもらうために実施します。わかりやすい例で言えば、通販会社のテレビショッピングです。商品にもよりますが、1万円で売られている商品の場合、広告費はそのうちの30%程度です。しかし、テレビショッピングは極端な例です。通常商品にそんなに広告費を乗せたら、販売価格ばかりが高くなり、売れるわけがありません。商品にもよりますが、広告費の割合は予定販売総額の1〜5%程度です。

　もう一つは、企業名やブランド名を上げるために広告を投下するケースです。単に社名を認知させたいというケースもありますが、今期は利益が出すぎたので、一部を広告費として消化したいというケースや、良い人材が集まらないので、認知度を上げたいという例など、理由は様々です。なかには、社員のモチベーションを上げるために広告を投下するというケースもあります。この場合の投下額はピンキリです。

　2021年の日本の総広告費は6兆7988億円、そのうち39.8%がインターネット広告費です。**インターネットが一般化するまでは、テレビや新聞と言ったマスメディアしか選択肢はありませんでした。**新聞や雑誌は、発行部数によって異なりますが、1頁（1段）当たりいくら、テレビやラジオはカバーエリアの人口やオンエアー秒数、視聴率（聴取率）などによって料金が決められており、しかもかなり高額です。

　インターネットは広告のやり方を根底から変えたと言って良いかも知れません。その情報を届けたいターゲット、そしてそのターゲットに届けたい情報によって、手法や表現を変えなくてはいけないのです。そして、何より少額の予算から広告を発信することが可能になり、中小企業でも手が届くようになったのです。

コストをなるべくかけないで 認知度を上げ、好イメージを獲得するためには

　一番お勧めしているのは、ニュースリリースを毎月メディアに配信することです。そんなに毎月配信するようなニュースはない。ごもっともです。毎月が無理でしたら、2カ月に1回でも結構です。1年に1回では、メディアはあなたの存在を忘れてしまいます。送るのは、なるべく地元に密着したメディアです。彼らは、**地元発のニュースを求めています。地元の企業の活躍が嬉しいのです。地元のテレビ局、地元の新聞社、地元のラジオ局、それと関係する業界紙と業界サイトです。**全国紙にも地方欄はありますが、たった1ページです。では、首都圏の会社はどうすれば良いのかということですが、かなりハードルは高いです。大企業から発信されるニュースもヤマのようにあります。自社サイトで配信し、業界紙・業界サイトに絞ったほうが良いかも知れません。配信するニュースに自信があるようでしたら、コストはかかりますが、PR TIMESを利用するという方法もあります。

　何だ、地道だなと思われるかも知れません。そうです。**悪いニュースはあっという間に拡散しますが、認知度や好イメージを獲得する作業は時間がかかるのです。**だから、一気に認知度を上げたい場合は、高いコストを払って広告を投下するのです。

　ニュースリリースを書く際の注意点です。

　●基本A4縦1ページ（最大2ページ）、写真を1点添付する、●配信元・問い合わせ先のメールアドレス・電話番号を表記する、●事実だけを書く、感情は一切入れない、●記載するニュースは1点、2つも3つも入れない、●根拠・基礎データがない場合は配信しない、●ニュースリリースのフォーマットを決めて配信する、●毎月、同じ日に配信する

　それで本当に取り上げてくれるのかと思われるかも知れませんが、メディアサイドにも嬉しいと思ってくれる人もいるのです。古風に、封書で送るのも一案です。

取引条件や取引先の選定に有利に なるためにSDGsに取り組みますか

SDGsの専門家になり、一番実感したのは、「SDGsという言葉が世界共通ワードになり、日本でも一般化した。ESG経営やSDGsに取り組んでいるか否かが、その企業の評価につながることが一般化しつつある。」という事実です。**対金融機関や、対取引先に対して、少しでも自社の評価を上げたいのであれば、SDGsはきちんと取り組むべきです。世界的なマナーになったと言ったほうが良いのかも知れません。**

タイトルは、取引条件や取引先の選定に有利になるために取り組みますかと書きましたが、**SDGsを知らない、取り組んでいないということがハンデになりつつあるのです。**超大手の企業では、取引先に対して、SDGsの精神に則って、コーポレートガバナンスを強化しない企業とは取引しないという企業も出始めています。国が母体となっている機関では、「くるみん」などの認定を受けていない会社は、入札の時点で不利になるケースが一般化しました。これだけは理解しておいたほうが良いと思います。

では、取引条件や取引先の選定に有利になるためにはどう取り組めば良いのでしょうか。例えば金融機関から、「あなたの会社はSDGsに取り組んでいますか」と聞かれた際、「はい、着手しています」と言うだけでは、評価につながりません。次のSTEPから具体的な流れは説明しますが、以下のことを行う必要があります。

1. 我が社はSDGsに取り組んでいるという「SDGs宣言」を発信すること。
2. 具体的にSDGsプロジェクトとして取り組んでいることを社内外に明示すること。
3. 上記の内容が上辺だけではなく、全社一丸として取り組んでいることがわかること。

上辺だけのSDGs宣言は、表に出すべきではありません。

日本製鉄はホームページ上で 取引先に以下の呼びかけを行っています。

取引先の皆さんへのお願い
SDGsの達成に向けた調達活動の推進

① コンプライアンスの徹底

取引先の皆さんには、企業活動全般に関わるコンプライアンスを徹底し、事業活動を遂行する上で関連する法令・社会規範の遵守、および贈収賄の禁止に関する取組みをお願い致します。

② 製品安全、QCDの確保と技術開発力の向上

取引先の皆さんから提供頂く製品・サービスについては、適切な品質保証体制のもと、常に安全を確保し、競争力あるQCD（品質・価格・納期）での継続的かつ安定的な提供をお願い致します。また、付加価値の高いものづくりのため、継続的な技術開発の推進と技術力の向上をお願い致します。

③ 人権差別・労働環境・安全衛生への配慮

取引先の皆さんの事業活動においては、基本的な人権を尊重し、またあらゆる差別を排除するとともに、安全で快適な労働環境を確保するようお願い致します。

④ 地球環境への配慮

取引先の皆さんには、持続可能な社会の実現に向けて資源保護・環境保全に十分配慮し、環境に与える負荷を低減する活動の継続的な推進をお願い致します。

また、紛争鉱物を使用しない資機材調達の取組みについてご対応をお願い致します。

⑤ 情報管理の徹底

取引先の皆さんが当社との取引を通じて得た情報（契約内容や未契約での見積情報、操業などの情報およびデータを含む）について、適切な管理の徹底をお願い致します。

〈出所：日本製鉄株式会社のホームページ〉

良い人材の獲得を目指すために
SDGsに取り組みますか

　地方の中小企業の最大の悩みは、人材の獲得にあるとも言われます。逆に官公庁だけでなく、東京のメジャー企業には、一流大学の多くの学生が就活に訪れます。それだけ、日本という国では「一流大学に入って、官公庁や一流企業に入ること」が世間一般で言う、成功の証なのです。この概念が崩れることは難しいかも知れません。

　Z世代という言葉を聞いたことはありますか。 Z世代とは、1990年後半から2000年代に生まれた人を指す言葉ですが、厳密な定義はありません。本書では「1995年〜2009年生まれ」をZ世代とします。2022年時点において「12歳〜26歳」の方々です。

　彼らには以下の特徴があると言われています。「デジタルネイティブである」「ネットリテラシーが高い」「グローバル感覚に優れている」「ダイバーシティを尊重する」「地に足のついた経済感覚」「真の価値を求める」「自分らしさを大切にする」。まさに、今風の方たちです。しかし、10年後、20年後は彼らが社会を仕切るようになるのです。彼らは物心がついた時からインターネットに触れており、昭和の価値観が全く通用しません。

　人材を補給する際に、最も簡単な方法は派遣会社に依頼することです。もちろん、そこに登録され紹介される方にどうこう言うつもりはありません。申し上げたいのは、**今すぐ必要な人材と、あなたの会社の未来を築く人材は違うということです。** 今すぐ必要な人材は、経理事務を間違いなくこなせる方かも知れませんし、部品をきちんとつくってくれる手先が器用な方かも知れません。でもその方が、あなたの会社の未来を構築してくれますか。100％、NOだとは思いませんが、今すぐ必要な方と、未来を築いてくれる方の採用は別に考えたほうが良いのかも知れません。では、**未来を築く人材をどうやって採用すれば良いのか。そのために、SDGsを推進して頂ければと思うのです。**

今まで思いもつかなかったような
人材に来てもらいましょう

　九州の地方都市に本店がある信用金庫。店舗数も7つしかなく、行員は毎日自転車かバイクで取引先を廻り、地元民に寄り添った金融活動を行っています。その採用面接に、初めて京大生が応募してきました。

君か、噂の京大生は。うちの信用金庫は、地元に根付いて金融活動を行っているし、社員も地元の県立大学か県立高校の出身者ばかりだ。君のような優秀な学生が、どうして応募してきたの。

生まれは東北で、京大に入ったのですが、九州にも住んでみたかったのです。何より数年前から、SDGsを勉強しておりまして、貴信用金庫がSDGs宣言をされたとネットで拝見したので応募しました。

SDGs宣言を3カ月前にしただけで、何を進めていくかを含めて、本当にこれからだよ。具体的に、何かやりたいことはあるの。

信用金庫だからできるSDGsをぜひ実現したいと思います。地元に根づいて、地元の人たちと築いて行く。それはSDGs本来のあるべき姿です。ESG債も発行して、商品面でもSDGsに貢献したいと思います。

スゴイ熱意だね。わかった採用しよう。その気持ち、いつまでも持ち続けることを期待してるよ。頑張ってください。

社員の意識向上を目指すために
SDGsに取り組みますか

　あなたの会社の社員の皆さんは、どうしてあなたの会社で働いておられるのでしょうか。申し訳ないのですが、どうしてもあなたの会社で働きたいと考えている方は、どちらかというと少数派で、多くの方は生きて行くために働いているのであり、特段の理由はないという方なのではないでしょうか。もしかすると、他社から今より少しでも良い条件を提示されたら、転職を考える方もいると思われます。

　社員の帰属意識を高めることは容易ではありません。世界的にも有名な一流企業でしたら、簡単なことかも知れませんが、地方の中小企業が帰属意識を高めることは大変な作業です。全員に高給を支給することが一番簡単なのかも知れませんが、できる訳がありません。だったらどうすれば良いのでしょうか。

　一つの方法は、あなたの会社の業界におけるポジション、もしくは会社や社長の評判を確立することだと考えます。**「あんな会社で働いてみたい、あの社長の下で働いてみたい」と思わせることです。**でも、どうやってその評判を確立させるのだと思われるでしょう。そうです、簡単ではありません。評判というのは、客観性をもとに確立されるものです。「うちの会社は良い会社だ」と、いくら言い続けても、評判が確立される訳がありません。

　好イメージの獲得は一つひとつの積み重ねです。一朝一夕に確立されるものではありません。経営陣が常にリーダーシップを持って行動し、実績を積み上げて行かなくてはいけません。

　もう一つは、**この会社で働いて良かったと思わせるような施策を実施することです。**例えば、頻繁に海外とメールのやり取りをしている社員が、英語のスキルを上げたいと言ってきた際に、「頑張れ、学費は会社で持つよ」と応援するといったことです。

社員の帰属意識を向上させるための施策として 「スポGOMI」をご紹介します。

2010年に設立された、一般社団法人ソーシャルスポーツイニシアチブは、**ゴミ拾いをスポーツと捉え、競い合ってゴミを拾う活動を行っています。**健康な体づくりと、子供から大人までゴミを捨てないリサイクル習慣を意識させ、きれいで暮らしやすいまちづくりに貢献し、スポーツと環境の融合を実現することで、日本スポーツ界の発展とSDGsに寄与することを目的としている団体です。スポGOMIは世界一地球にやさしいスポーツと言われ、環境美化とスポーツを融合させた社会貢献活動。企業・自治体・学校など、様々なコミュニティで社会貢献活動としての実施が可能であり、企業内コミュニケーション、自治体の地域活動、学校行事などに採用されています。また、スポGOMIは、SDGsの啓発に適した日本独自の活動として、日本の国連広報センターより広く世界に発信されました。下記の流れに沿って、2〜3時間ほどで全体のプログラムは終了します。

① 開会式
（3〜5人のチームごとに整列しルールを説明）

② 準備体操

③ チームごとの作戦会議

④ 選手宣誓

⑤ スポGOMI競技スタート

⑥ チームごとに拾ったゴミを計量
（拾ったゴミの種類で点数も変わります）

⑦ 表彰式

多くの自治体で、定期的に開催されています。

業務や就労環境の体質改善のために
SDGsに取り組みますか

　沖縄のリゾートマンションプロジェクトを担当したことがありました。東京での仕事に慣れ切っていた私は、10時からの会議に、5分前に着いてメンバーを待っていました。10分経っても、20分経っても、誰一人顔を出しません。待ちきれず、メンバーの一人に電話をかけました。「もう、着かれたのですか。今向かっています」。ようやく来たのが10時半を過ぎた頃でした。5人全員揃ったのは、間もなく11時を迎えようとする頃だったと思います。最初に来た彼に聞いたところ、「私も転勤組なので、最初の頃は怒っていました。でも、今は何とも思いません。10時スタートだったら11時頃に行けば良いなとしか思わないのですよ。沖縄の現地の方は」「でも、それだと会議が終わるのは、昼過ぎになりませんか」「それで良いのです。会議が終わったらゆっくりランチを食べて、2時の会議に3時頃行くのです」

　ウチナー時間というらしいのですが、そんなにガツガツしてどうするのという感覚らしいのです。東京と全く時間に対する感覚が違います。沖縄と東京の平均年収は大きく違いますが、2021年の幸福度ランキングで、沖縄は全国1位、東京は45位です。**お互いを許し、心の触れ合いを大切にする沖縄の方々は、皆幸せを感じながら日々を過ごしています。**

　SDGsによる体質改善といっても色々あると思います。SDGsは基本的な経営の改善につながります。あなたの会社の労働環境はどうですか。

- 残業時間は多いと思いますか
- 定刻で帰ろうとする方を白い目で見ていませんか
- 昼休みはきちんと取れていますか
- 昇給や昇格などの人事評価はきちんとできていますか

　中小企業だから仕方ないだろうという考えは捨ててください。社員の声を聞きましょう。

世界の労働環境をご紹介します

順位	国	労働時間
1	メキシコ	2,128
2	コスタリカ	2,073
3	コロンビア	1,964
4	チリ	1,916
5	韓国	1,915
6	マルタ	1,882
7	ロシア	1,874
8	ギリシャ	1,872
9	ルーマニア	1,838
10	クロアチア	1,835
27	日本	1,607
	OECD 平均	1,716

表はOECD（経済協力開発機構）が発表している2021年の平均労働時間です。1年当たりの実労働時間の合計を、1年の平均雇用者数で割ったものです。メキシコは、法定労働時間が週48時間で原則週休1日制です。労働時間当たりのGDP指数、いわゆる生産性で見ると、メキシコとコスタリカがワースト1位と2位。つまり2国とも労働時間が長く、効率の悪い働き方をしているのです。

日本は韓国より300時間も少ない、世界標準よりも100時間低い。働きすぎでも何でもないではないですか。そう感じられるかも知れませんが、からくりがあるのです。

このデータは、パートやアルバイトなどの短時間労働者、非正規労働者の労働時間も含まれています。OECDが発表した日本のパートタイム（週30時間未満労働）雇用率は、全雇用者の25.8％、世界4位の数字です。パートタイマーの総実労働時間は、年間1100時間程度、一般労働者は2000時間前後です。一般労働者だけを見ると生産性は世界ワースト3位です。パートタイマーの比率が高いのでこの結果になっているのです。

SDGs先進国スウェーデンでは、1日6時間労働の会社が増えているそうです。日本のパートタイムの労働時間と同じです。長時間働くほど稼げるという概念が変わりつつあります。

〈出典：OECDのホームページ〉

社会や消費者のニーズを知るために
SDGsに取り組みますか

　SDGsは2021年のユーキャン新語・流行語大賞にノミネートされ、ジェンダー平等はベスト10にも選出されました。しかし、**SDGsは単なる流行語ではありません。国連が定めた全世界共通の行動計画です。**2030年までは間違いなく世界の共通ワードですし、2031年以降はSDGsの精神を引き継ぐ、新しい言葉が誕生するでしょう。もしかしたら、SDGsという言葉がそのまま残るかもしれません。

　SDGsが採択されて、世界中の人が多くの影響を受けました。もちろん共通の目標に向かって行動することが最優先ですが、世界中のビジネスマンはこうも考えたのです。**SDGsという視点で創出された製品は、社会や世界中の人が求めているものだ。それを創り出すことができれば、世のため人のためにもなるし、間違いなく売れるだろう。**

　そうなのです。**SDGsは社会や消費者のニーズそのものです。世界を対象にした製品開発も可能です。**例えば目標6「安全な水とトイレを世界中に」を例にとって考えてみましょう。7億人近いと言われる、屋外で用を足す人たち、家族の水を運ぶために学校に行けない子供たち、水に悩んでいる方たちが世界中にいます。イタリアの建築家が考案した「Warka Water」が話題になりました。地面を覆う布に大気中の水分が付着し、繊維を伝って落ちていき、土台にある容器に水が溜まるのです。空気の状態にもよりますが、1日に100ℓ近い飲料水を集められるとのこと。日本においても、空気から水をつくるウォーターサーバーを開発し、販売する会社がいくつも出てきました。日本で暮らしていると、水害に遭うことはあっても、水に困るということはほとんどありません。しかし、世界に目を向けると、最も逼迫した問題の一つです。もし、あなたの会社が水に関して、何かしらの経験やノウハウがあるのでしたらトライしてみませんか。

	目標	日本で想定されるニーズ
1 貧困をなくそう	貧困をなくそう	・相対的貧困への対策 ・ひとり親の雇用促進 ・非正規雇用の縮小
2 飢餓をゼロに	飢餓をゼロに	・最先端農業（アグリテック） ・炊き出し、こども食堂の拡大 ・こども宅食事業
3 すべての人に健康と福祉を	すべての人に 健康と福祉を	・高齢者雇用、高齢者学習 ・新型コロナ対策 ・高齢者単身世帯の見守り
4 質の高い教育をみんなに	質の高い教育を みんなに	・不登校対策 ・障がい者教育 ・オンライン教育の進化
5 ジェンダー平等を実現しよう	ジェンダー平等を 実現しよう	・フェムテックの拡大 ・LGBTQ対策 ・男女間の賃金格差の解消
6 安全な水とトイレを世界中に	安全な水とトイレを 世界中に	・自動節水システムの実現 ・排水処理システムの進化 ・空気から水をつくるシステムの普及
7 エネルギーをみんなにそしてクリーンに	エネルギーをみんなに そしてクリーンに	・新たな再生エネルギーの開発 ・ゼロエネルギーハウスの普及 ・水素エネルギー利用の進化
8 働きがいも経済成長も	働きがいも 経済成長も	・働き方改革の推進 ・ディーセントワークの普及 ・SDGs視点の経営計画の推進
9 産業と技術革新の基盤をつくろう	産業と技術革新の 基盤をつくろう	・リモートワークの一般化 ・アバター勤務 ・各企業における技術革新の推進

※ディーセントワークとは、働きがいのある人間らしい仕事

社会変化の一つの事例として
「メタバースの進化」

メタバース（metaverse）というワードはお聞きになったことがあると思います。古代ギリシア語を起源とする英語の「超越（meta）」と「宇宙（universe）」を組み合わせた造語です。

メタバースに関するテクノロジーは日に日に進化し、明確な定義が難しい状況です。企業だけでなく、国や自治体もメタバースに注目し、可能性を探っています。メタバース関連市場は、この数年で、大いなる発展を遂げることは間違いありません。

現時点での一般的な概念としては**「自己が操作するキャラクター（アバター）が自由に活動できる仮想空間及びそこに付随するサービス」**として捉えられています。未来の話でついていけないと感じられるかも知れませんが、誰もが気がつかないうちに、何かしらのメタバースに接しているのです。

新型コロナはメタバースにも多いなる影響を与えました。中止や延期を余儀なくされたイベントを、メタバースで復活させるためにヴァーチャルイベントにトライ。リモートワークの一般化により、オフィスをすべてメタバース化する企業も出現しています。

すでに全日空は「旅先は、メタバース京都」を発表しています。メタバースの世界では、現実の世界とは別の自分（アバター）が生きています。あなたが住んでいるまちが、メタバース上で再現されたら、世界中からあなたのまちへ訪れ、あなたが仮想空間旅行者の案内人になれるのです。自動翻訳システムを利用すれば、言語も関係ありません。名所旧跡の入場料やお土産といったビジネスも生まれ、**身体の不自由な方も、アバターを動かすことが可能です。最先端のSDGsとも言えるのです。**決して遠い未来の話ではありません。多くの企業がメタバースの覇権を狙って鎬を削り、国や自治体も動き始めました。傍観しているだけでは何も始まりません。トライしてみましょう。

目標ごとに想定されるニーズを
日本国内という視点で考えてみました②

	目標	日本で想定されるニーズ
10 人や国の不平等をなくそう	人や国の不平等をなくそう	・障がい者雇用、障がい者支援 ・外国人雇用、外国人への技術指導 ・公平な雇用、公平な評価制度
11 住み続けられるまちづくりを	住み続けられるまちづくりを	・DXによる限界集落対策 ・地域内交流の促進 ・地産地消の推進
12 つくる責任つかう責任	つくる責任つかう責任	・フードロスの対策の推進 ・リサイクル、リユース商品の開発 ・伝統技術の継承
13 気候変動に具体的な対策を	気候変動に具体的な対策を	・脱炭素技術の開発 ・画期的な節電システムの開発 ・度重なる自然災害への対応策
14 海の豊かさを守ろう	海の豊かさを守ろう	・ペットボトル削減対策 ・魚類の生態系の保護 ・海に住む生物の飼育技術の開発
15 陸の豊かさも守ろう	陸の豊かさも守ろう	・森、山林の健全管理 ・フェアウッドの推進 ・絶滅危惧種を救うための技術開発
16 平和と公正をすべての人に	平和と公正をすべての人に	・暴力や虐待を受けている方の支援 ・汚職や贈賄の撲滅 ・途上国への支援活動
17 パートナーシップで目標を達成しよう	パートナーシップで目標を達成しよう	・異業種との技術開発 ・サプライチェーンでの関係強化 ・業界内でのパートナーシップ強化

新規事業・新商品の開発を行う
ためにSDGsに取り組みますか

　SDGs視点での新商品は、毎日のように送り出されています。一番驚いたのが、エアミートです。米国のスタートアップ企業「エア・プロテイン」が、**空気を原料とした代替肉の開発に成功**したのです。元々は、NASAの科学者たちが炭素を変換して宇宙食をつくる方法を研究していたそうです。エア・プロテインの創業者2人は、空気中に存在する炭素などの成分をタンパク質に変換。精製・乾燥させてパウダー状になったタンパク質から代替肉をつくることに成功しました。代替肉と言われなければ気づかないレベルで、鶏肉とホタテという2つの味と食感を再現し、今後は牛肉や豚肉、シーフードの開発に取り組むそうです。しかも9種類の必須アミノ酸をすべて含み、その含有量は大豆の2倍。ビタミンとミネラルが豊富で栄養価が高い。最初、この記事を読んだ時は信じられませんでした。

　空気中から水をつくるということは、頭の中で想像できますし、トライしてみようという気持ちもわかるのですが、空気中の炭素から代替肉をつくるなんて想像もつかなかったのです。本当に拍手を送りたいくらいです。究極のSDGsです。幾つもの目標に寄与できるし、何より空気中の成分からつくるので、原材料が枯渇することもありません。世界中で大量生産できるようになったら、食生活自体を大きく変えるのではないでしょうか。

　ここまでの新商品の開発は難しいでしょうが、**SDGs視点で今までにないモノをつくるという可能性は追求しても良いのではないでしょうか**。まずは、自社で取り扱っている原材料や自社の生産ラインで何かできることを社員の皆さんと話してみてください。話しているだけで楽しいと思いますし、とんでもないアイデアが出て来るかも知れません。プロダクトではなく、**ドローンを利用した全国運搬ネットワークをつくるといった夢のある新規事業**も面白いと思います。

ファッション業界を変えるかも知れない
植物由来のヴィーガンレザー

高級バッグは一時代前まで、動物の皮革でつくられていました。主な素材は、牛、豚、馬、羊、水牛、山羊、鹿、猪、カンガルー、そして最も珍重されたのが鰐(わに)でした。牛や羊は肉と同様、子供の皮のほうが高かったのです。

ところが前述の2014年、ガチョウ虐待事件から事態は一変しました。**「皮も悪者」**になり始めたのです。それから、フェイクレザーという石油が原材料の合成皮革をファッション業界がこぞってつかい始めました。

主旨は全く違うのですがSDGsにより、**化石燃料である石油自体も避けられるようになり、植物由来のヴィーガンレザーが注目を浴びるようになったの**です。アップル、パイナップル、マッシュルーム、サボテン、マンゴー、ココナッツ、グレープ、コーンなど、種類はどんどん増えています。

写真は代表的なアップルレザーです。南アメリカや中国を主とした世界各国の廃棄予定リンゴを使用しており、実だけでなく、芯や種・木・ジュースまで余すことなく使用し、廃棄箇所がないことが特徴になっています。

〈出展：有限会社ニチモウのホームページ〉

私の会社はファッション業界とは関係ない、そうかも知れません。これは、**SDGsによって業界自体が大きく変わった事例**です。この他にも様々な業界で色々な素材が使われるようになるのではないでしょうか。農業とファッション、今まで何も関係ないと思われた業界がタッグを組むことになったのです。

新たな顧客の発掘や事業の拡大のためにSDGsに取り組みますか

SDGsをこれから始めるのであれば、事業拡大・売上拡大のためにやる。それで全く構いません。SDGsは持続可能な社会を目指しています。社会が継続するためには企業の継続が前提となります。だから、企業はSDGsを利用して利益を上げるべき。私は勝手にそう判断しています。ただし、一つだけ面倒くさいルールがあります。国際連合広報センターのガイドラインにおいて、SDGsロゴの用途は次の3点としています。「情報目的」「資金調達目的」「商業用途」。情報目的用途であれば、国連の認可を取得せずに自由にロゴを使用できます。しかし、**資金調達目的及び商業用途でロゴをつかう場合は、国連本部の認可が必要です。**資金調達目的とは、SDGsを支援する活動の費用を賄うための資金調達を意図する使用であり、商業用途(営利目的)とは、営利企業による商業的もしくは販促用商品・製品における使用と記しています。

わかりやすく言い換えると、「**あなたの会社で、SDGsに取り組んでいるというのは言っても構いませんが、営利目的でSDGs(及び各目標)のロゴマークをつかうのであれば、国連の承認を受けてください**」ということです。アドレスは記載されていますが、英語での依頼がマストです。しかも、毎回です。国連だから仕方ないのかも知れませんが、日本の企業に足枷をしているのと同じです。その証拠に、ほとんどの企業は、企業紹介サイトには「これだけSDGs頑張っています。」とロゴマークを表記して掲載していますが、ダイレクトショップのサイトには、その商品がSDGsに関連した商品であろうとSDGsのロゴマークを表記していません。ただし、ロゴマークさえつかわなければお咎めはないようです。抜け道みたいなものですが、これで良いのでしょうか。

SDGs視点での新規事業、事業の拡大は全く問題ありません。届け出る必要もありません。SDGsで儲けるのなら、新商品の開発や新規事業に乗り出しましょう。

廃棄物が新規顧客の発掘につながる
SDGsの発想から生まれたプロダクト

ナイキ　実験的フットウェア コレクション
「スペース ヒッピー」

85〜90％のリサイクルポリエステルを含む、工場
や消費者の廃棄物から作った糸や、リサイクルの
ズームＸ フォームと標準的なナイキ フォームやナ
イキ グラインド ラバーを混合させたクレーター
フォームを活用し、炭素排出量を抑えました。

「©NIKE」

資生堂「カリモク家具の端材」
容器

スキンケアブランド「バウム」。一部の商
品の容器に、カリモク家具の製造工程
で出る北海道や東北地方で採れたオー
ク材の端材を利用しています。

エース「プロテカ マックスパスRI」
スーツケース

マツダの使用済み自動車バンパーを破砕し、塗膜を
剥離・除去した純度の高いPPペレットが納品されま
す。自動車1台分のバンパーで、スーツケースが約2
つつくれるそうです。

ハウス食品グループ本社
「スパイスクレヨン」

製品にできないスパイス原料の色など
特徴を生かしたクレヨンを作りたいハウ
ス食品グループ本社と規格外野菜を活
用したおやさいクレヨンを企画・開発す
るmizuiroとの出会いから生まれました。

人脈やネットワークの拡大
のためにSDGsに取り組みますか

　ここまで全編に渡って偉そうなことを書いていますが、私はSDGsに真剣に取り組み始めてから、いまだ3年です。大きく変わったことは多々ありますが、その中でも一番変わったのは、お付き合いする方々です。それまでは、不動産関係の業務をメインにしていたので、マンションデベロッパーの方々、ゼネコン関係者、建築家といった方々がメインでした。今は、中小企業経営者の方が多いのは確かですが、ありとあらゆる業種の方とお付き合いしています。この歳にして、多くの出会いがあることに本当に感謝しています。社長は地元のライオンズクラブや青年会議所のようなネットワークは、すでにお持ちだと思います。**SDGsを積極的に展開すると宣言した日から、今まで全く交流がなかった方々と知り合うことになります。**今回共著の2人は、経営者交流会で知り合いになり、一緒に本を出しましょうという話で盛り上がったところから始まりました。お互いの出会いに感謝しています。

　私は今でも新しい方との出会いを嬉しく思い、大切にしています。仮に社会人生活を40年続けたとして、何人の人と出会えるのでしょうか。私の場合でも、名刺をお渡ししたという方は、おそらく名刺100箱、1万人を超えると思います。しかし、今でも顔を覚えている方はその10分の1もいないでしょう。国会議員や上場企業の社長が渡した名刺の数は、半端な数ではないでしょうが、顔と名前が一致する方は本当に限られると思います。

　人付き合いが苦手だと思う方でもSDGsを始めてみてください。新たな出会いが間違いなく訪れます。そして何より、SDGsという共通言語で、その方と会話ができ、一緒にビジネスが始まる可能性だってあるのです。

　こんな幸せなことはないと思いませんか。

SDGsを通じて今までにないネットワークをつくり
新しいことにトライしてみませんか。

自治体や金融機関を利用したネットワークの構築

県・市単位で、SDGsを支援する自治体が増えています。
登録することにより、自治体の協力が得られ、登録企業の交流会にも出
席できます。金融機関は例外なくSDGsに積極的であり、セミナーなど
も行っています。SDGsのパートナーやコンサルも紹介して頂けます。

地元紙・業界紙を利用したネットワークの構築

ほとんどの地元紙・業界紙はSDGs関係の情報を求めています。あなた
の会社がどういう活動を行っており、何を求めているかを伝えることに
より、協力して頂ける可能性は高いと判断します。また業界団体で、その
業界独自の勉強会も開催しており、そこに参加することも可能です。

地元の大学・高校を利用したネットワークの構築

多くの高校・大学が学校ぐるみでSDGsを推進しています。学校が一企
業とアライアンスすることは難しいかも知れませんが、主旨を話して何
かしらの寄付を行えば、可能性ゼロではありません。学校は無理でも、
SDGs同好会との連携はあり得ます。

地域や町内会を利用したネットワークの構築

あなたが地域、町内会でSDGsを推進する際のキーマンになってはいか
がでしょう。地域貢献にもつながり、社員にも喜ばれます。東京の自由
が丘の商店街がSDGs宣言を行って、大きな話題を呼びました。地域密
着SDGsを、実践してください。

SDGs チームをつくり、
社内の意識を向上させましょう

STEP
04

SDGsチームをつくり、社内の意識を向上させましょう

SDGsは「No one will be left behind ～誰一人取り残さない～」を理念とし、2016年～2030年の15年間で達成するための行動計画です。

文字通り、誰一人取り残してもいけないのです。あなただけが1人で頑張って、社員が誰もついてこなかったら、全く意味がありません。

経営者が「中小企業はワンマン経営で良い。ワンマン経営こそが理想だ」と、SDGsは実践できません。今すぐ、この本は捨てて頂いて結構です。ワンマン経営が悪いとは思いません。ワンマン経営で成功している会社はいくつもあるでしょう。しかし限界もあるのではないでしょうか。少なくともZ世代の若者は、ついてこないでしょう。それ以前に、孤独な経営者であり続けることは、それ自体が寂しい人生だと、私は思います。

SDGsの基本は、「皆で幸せになろう」です。

経営陣と社員がSDGsの理念に沿って、同じ目線で、同じ目標に向かって行けば、必ず会社の未来は拓けるはずです。私はそう信じます。

STEP4 で目指したいこと

さあ、いよいよSDGsプロジェクトのスタートです。
チームをつくり、社員皆で
社内のSDGsに対する意識を上げていきましょう。

SDGsに取り組む目的を定め、社員の納得と共感を得ましょう

社内のSDGs推進リーダーを決め、チームを結成してください

社員全員のSDGsに対する意識の向上を図ってください

社員向けのSDGsセミナーを開催しましょう

社員相互で行うSDGsグループワークを実施しましょう

社員一人ひとりに「MY SDGs」を考えてもらいましょう

「MY SDGs」を社内で集約し、誰もが閲覧できるようにしましょう

社内にエシカルというワードを広めましょう

社内のエシカルルールを設定し、実践しましょう

ゴミ減らし・電力削減などのすぐにできるSDGsを実践しましょう

社内のリユースシステムを構築し、継続しましょう

**まずは、SDGsという言葉を社員に知ってもらい、
認知を高め、関心を抱いてもらいましょう。**

STEP 04 | 01 SDGsに取り組む目的を定め、社員の納得と共感を得ましょう

　前章でも書きましたが、SDGsに取り組む目的は必ず明確に定めてください。目的が明確で納得できるものでなければ。社員は納得しませんし、ついてきてもらえません。

　メインとして想定される目的は、以下の6点と考えられます。

❶ 株価対策
❷ 認知度・イメージアップ対策
❸ 人材獲得対策
❹ 社員対策
❺ 新規事業・新商品開発対策
❻ 事業拡大対策

　あまり多くの目的を設定すると、何のためにやるのかが曖昧になり、社員の心には響かなくなってしまいます。

　中小企業の多くは、「事業拡大のため」を選択すると聞いています。**SDGs視点で、もう一度事業を再構築する、もしくは新規事業や新商品を開発し、売上の拡大に寄与することを目指すのです。**売上に結びつくことがわかれば、社員も納得し、意識の向上にもつながります。

　あなたの会社で一番困っていることは何ですか。信頼のおける社員にも来て欲しいし、社員の定着率も上げたい。悩みはいくつもある。そのような会社もたくさんあると思います。もちろんその場合は、**複数の目的を設定しても構いません。しかしその場合は、優先順位を設定しましょう。**目的ごとに、想定されるプロジェクトも変わってきますし、どのプロジェクトを優先するべきか、社員も迷いかねません。

　社員の声を聴き、会社の未来を見つめた上で、決断してください。

124　**STEP 4**　SDGsチームをつくり、社内の意識を向上させましょう

実施するプロジェクトも目的ごとに変わります。

目的	想定されるプロジェクト	ポイント
株価対策	● ESG関連プロジェクト ● 社会貢献事業 ● 脱炭素対策。数値化	投資家や 金融機関に届くか
認知度・ イメージ対策	● 消費者向けプロジェクト ● わかりやすく、 オリジナリティの高い施策	マスコミや ネットに届くか
人材獲得対策	● Z世代向けプロジェクト ● 産学連携 ● 採用面接官のSDGs講習	転職希望者や 就活生に届くか
社員対策	● 人事制度・評価制度の改定 ● 働き方改革 ● ワーケーションの導入	社員の共感を 得られるか
新規事業・ 新商品開発対策	● 環境対策商品開発 ● エシカル素材製品の開発 ● VR・メタバース関連	事業自体を 社会が認めるか
事業拡大対策	● SDGs起点のネットワーク 拡大戦略 ● バリューチェーン開発	本当に売上に つながるか

社内のSDGs推進リーダーを決め、チームを結成してください

　社内のSDGsチームは、会社の未来を左右する重要なチームです。責任者の選定とチームの結成には細心の注意を払ってください。

　リーダーは、下記の視点で選んで、指名してください。
● 年齢や経験ではなく、やる気のある方
● 前向きで、会社の未来を真剣に考えてくれる方
● 自分の考えに固執しない、違う視点の考えも受け入れる方
● 信頼できる方

　チーム編成については、下記の視点に合う人を選定し、後は責任者に預けてください。
● いくつかの部署がある会社なら各部署から選ぶ
● 頭が良い悪いではなく、前向きな人を選ぶ
● 幅広い年齢構成と性別も考慮して選ぶ
● リーダーと一緒に行動してくれる人を選ぶ

　もちろん、最終責任者は社長です。プロジェクトは経営陣が中心となって進めてください。しかし、**すべてを経営陣で決めるのは避けてください。プロジェクト会議や、細かい決めごとは、チームリーダーとチームに任せてください。**YES・NOを決めて、社内に発表するのが社長の役割です。
　20年後も50年後も会社が続いてほしいのではありませんか。**SDGsプロジェクトは、会社の未来を築くためのプロジェクトでもあるのです。**
　SDGsを始めるからには、やって良かった。そう思って頂きたいのです。レッツ、ビギンです。

例えば駅前店舗をメインに展開する従業員20名の
地方の不動産会社だったら。

社長
62歳、親の駅前不動
産屋を継いだ。苦労し
て会社を現在の規模
に。子供はおらず、後継
者を探している。

SDGs
チーム

チームリーダー
47歳、駅前店店長
高卒・子供2人。
人の話を聞くのが得意
な苦労人。

クレーム・電話担当
32歳、駅前店舗受
付。3歳の子供の育児
に追われている。

営業担当
29歳、東京の大学を
出て地元にUターン。や
る気満々の若者。

人事総務担当
57歳、ご主人と2人暮
らし。近所に住む高齢
の両親の介護を続け
る毎日。

STEP 03 04

社員全員のSDGsに対する
意識の向上を図ってください

　社員にSDGsプロジェクトを納得してもらい、意識の向上を図ることは重要なミッションです。**どんなに社長やチームが頑張ったとしても、社員にそっぽを向かれたら、プロジェクトのゴールはありません。**懇願することはありませんが、無理強いで行うものでもありません。SDGsに興味と関心を持ってもらい、チームに好意を抱いてもらえるような仕組みづくりが必要です。

　個人の尊重が優先される現在、昭和の時代には当たり前だった社員旅行や忘年会を実施する会社の方が少なくなりました。コロナで、その傾向はさらに深まりました。でも社員同士の交流がなく、個々の距離を感じるような会社にいたいと思うでしょうか。私は昭和の人間なのかも知れませんが、ファミリーな会社が大好きですし、社員旅行も大賛成です。

　SDGsというキーワードを通じて会社を1つにする。そう考えて頂いて結構です。みんながバラバラの会社より、みんなが一つの会社のほうが伸びるのは間違いありません。ITやサブスクで注目されている会社を、いくつも存じ上げていますが、共通しているのは、社員が皆笑顔で、皆が会社を愛しているという事実です。なぜなら、IT系のスタートアップの会社は、社員皆が、同じ方向を向いて、会社を大きくしようと考えているからです。別の視点で見たら、やっていることは令和の現代でも、昭和っぽい会社のほうが伸びていると感じるのです。

　昭和のオヤジが何言っているのだ。確かにそうかも知れません。しかし、SDGsが求めているのはSDGsの心、すなわち「他人への思いやり」です。**SDGsへの意識を高めるということは、利他の心を磨くということです。**全員が労り合い、全員が一つの方向を向いている会社は、本当に良い会社だと思います。

社員全員に
SDGs
関連商品

ポッカサッポロフード＆ビバレッジでは、飲むだけで簡単にエコ参加できる「富士山麓のおいしい天然水リサイクルPETボトルハローキティラベル」を2021年に発売。

SDGs映画の
鑑賞会

SDGs映画の名作とされる「風をつかまえた少年」の社内上映会を就業後実施しましょう。

© 2018 BOY WHO LTD / BRITISH BROADCASTING
CORPORATION / THE BRITISH FILM INSTITUTE /
PARTICIPANT MEDIA, LLC
提供：ロングライド、アスミック・エース

SDGs賽銭箱
（ONE FIVE TEN
BOX）

皆があまりつかわなくなった、1円・5円・10円を入れる社内賽銭箱を用意し、SDGs精神に則った寄付を定期的に実施しましょう。

STEP 04 04 社員向けのSDGsセミナーを 開催しましょう

　セミナーだけは、外部の力をお借りすることを提案致します。社長やSDGsチームのリーダーに指名した方が行うことが理想ですが、中途半端な知識では、質問にきちんと答えられない可能性があります。私も、一通りのSDGsの知識を人前で話せる自信がついたのは、猛勉強して半年以上経った後でした。

　SDGs専門サイトが企画するセミナーや、新聞社が主催する著名人の講演会に何度も参加しましたが、正直身につきませんでした。**深い知識を身につけるためには、書籍を読み、インターネットで様々な情報を取得し、自分で文章を書くことを積み重ねなくてはいけない**というのが実感です。

　では、外部といっても誰に相談すれば良いのでしょうか。難しい問題です。福島県郡山市のようにSDGsに積極的に取り組んでいる行政もありますが、これからという行政も少なくありません。行政で、SDGsに関する資料をつくっているところはあっても、セミナーを開催しているところは、ほとんどないのです。

　著名なところでは、SDGs活動支援センターが派遣している企業向け90分セミナーが10万円+消費税（2022年8月現在）、日本能率協会が行っている「はじめてのSDGs基礎セミナー」が1日1人5万円+消費税（2022年8月現在）です。1日聴講して、SDGsの基礎は理解できます。その上で、自社にとってのSDGsは何を行い、どう進めるのかを考えることになります。

　誰に頼めば良いのかわからない。コンサルタントに頼んだら、高額なコストがかかりそうだ。SDGsを本当に始められるのか。そうお考えになる中小企業も多いと思います。そうであればぜひ、**本書の手順で進めてみてください。**

SDGsの理解レベル

LEVEL 1
SDGsを
何となくは知っている

SDGsに取り組む会社の社員はこのレベルに
までなりましょう。5〜6時間程度の講習で、
何となくはわかって頂けます。

あなたの会社の社員になってもらいたいレベルです

LEVEL 2
SDGsを
ほぼ理解している

SDGs担当の方は、このレベルまで達してく
ださい。セミナーへの参加と情報の収集、
何より本人のやる気が、一番大切です。

SDGsプロジェクトリーダーになって頂きたいレベルです

LEVEL 3
SDGsを理解し
教えることができる

ここまで達するには、本人の猛勉強と一定
の時間が必要です。おそらく現時点におい
ても、全国に多くはいないと思われます。

SDGsセミナーの講師が備えるべきレベルです

LEVEL 4
SDGsを理解し
業種・業態に合った
提案ができる

SDGsを理解している頭と、その会社に
SDGsを提案する能力は、全く別です。提案
できるスキルと発想力が必要になります。

おそらく、SDGsのセミナーができる方は、全国で多くはいないと思われます。
業種・業態に合った、適切な提案ができる方はもっと少ないのではないで
しょうか。もしご希望でしたら、著者宛にご連絡ください。

社員相互で行うSDGs
グループワークを実施しましょう

「上がやっている案件でしょ。何だかよくわからないし、チームに選ばれた方たちも大変よね」。そういう会話が聞こえてきたらあなたも悲しいのではないでしょうか。

社員全員でSDGsに対する意識を高め、皆でプロジェクトや手段を考えるには、**社員相互で行う、グループワークの実施を提案します。ランチタイムや夕方の一時間程度です。格段に、社員皆のSDGsに対する関心が高まります。**

進行役はSDGsのチームリーダーにお願いしてください。経営陣が行うと、緊張してしまい、自由な雰囲気がつくれません。

グループワークを始める前に、集まった皆さんにクイズを出すことを提案します。一挙に緊張感が解れ、SDGsに対する関心が高まります。例えばということで、この10問を用意しました。

❶ 世界で全人口の（　）割が一日200円以下の生活をしている

❷ 世界一のSDGs先進国は（　　　　　）、日本は世界（　）位

❸ 世界のお金の半分を、世界の富豪（　）人で所有している

❹ 日本で相対的貧困状態にある子供は（　）人に1人存在する

❺ 日本人は食卓にある食べ物の約（　）％を輸入に頼っている

❻ 地球上で人間を一番殺している生きものは（　　）である

❼ 日本は2040年、（　）人に1人が、65歳以上の高齢者になる

❽ 世界で一番女性の国会議員の割合が高い国は（　　）である

❾ 世界の国で、水道の水を飲めるのは（　）カ国である

❿ 世界には（　）の国や地域があり、開発途上国は（　）カ国存在する

検索すれば、答えは出るはずです（私宛に連絡頂けたらお教えします）。ぜひ、**皆さんの会社でもオリジナルのクイズをつくってみてください。**

例えばグループワークのテーマとして、こんなことが考えられます。曖昧なテーマは避けましょう。

我が社でできる具体的な SDGsを考えましょう

例えばコンビニの加盟店だったら
毎日出る食品の売れ残り、立派なフードロスです。どうしたら減らすことができるのでしょうか。皆さんで考えましょう。

会社でやるべき SDGsを社員皆で 考えましょう

10人でやっている
トラック4台の運送会社だったら
今すぐにはできないでしょうが、脱炭素活動を皆で考えませんか。

我が社でできる 地域貢献を 考えてみましょう

5人でやっている
地元名産工芸品の会社だったら
このまま続けていても、この技術を未来に継承できません。どうすれば良いのか考えてみませんか。

あなたのSDGs宣言を 発表しましょう

パートを含めて12人のファミリーレストランだったら
2回に分けて、自分で実施するMY SDGsを発表してもらいましょう。

社員一人ひとりに
「MY SDGs」を考えてもらいましょう

　社員の皆さんがSDGsを自分事として捉え、自分自身でSDGsを実践する仕組みを用意しましょう。社員の皆さんがSDGsを考えれば、必然的に社員の家族や友人とSDGsを話すことになります。社員の皆さんが、SDGsの発信人になるのです。**MY SDGsができれば、あなたも、社員の皆さんも、お客様と自分の言葉でSDGsを話せるようになります。**

　SDGsプロジェクトを推進するにあたって、まず提案したいのが、この「MY SDGsプロジェクト」です。締切日を指定して、全社員にMY SDGsを考えてもらいます。それまで、SDGsの基本的な説明を行っていたとしても、ほとんどの社員が他人事としか捉えていません。「誰かがやれば良いこと」と思っています。

　ところが、「皆さん一人ひとりに、MY SDGsを今月末までに提出して頂きます。皆さんのMY SDGsは、ポータルサイトにアップし、何名かのMY SDGsを選出してポスターを作成し、希望者には名刺の裏に、MY SDGsを印刷します」。このメッセージを全社員に発信してみてください。全員の目の色が変わります。**「自分も考えなくてはいけないのだ」と思い始めるのです。**多くの社員から問い合わせが来るでしょう。「どういうふうに考えれば良いのですか」「当たり前のことでも良いですか」「些細なことでも構いませんか」。皆、他人事から自分事に変わっているのです。

　何人かの社員に聞いてみてください。家族や友人とSDGsを話す方もいるのではないでしょうか。それだけでも大成功です。結果的に、7割が誰もが考えるようなSDGsですが、2割はよく考えたな、そして残りの1割がよくこんなこと思いついたな、というMY SDGsがあなたに届きます。

MY SDGsの発想手順

1 オフィスで実行する、実行できると思うSDGsを考えてみましょう。

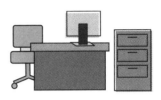

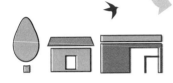

2 日々の生活で、あるいは地元で行うSDGsを考えてみましょう。

3 家の中で、あるいは家族で行うSDGsを考えてください。

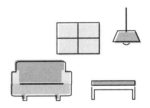

4 その3つのMY SDGsを改めて書き出してください。
3つの中で、1つを選んでもらっても構いません。
もし、どれもが納得いかなかったら、
別の視点でMY SDGsを、もう一度考えてみてください。

さあ、あなたのMY SDGsが
でき上がりました。

「MY SDGs」を社内で集約し、誰もが閲覧できるようにしましょう

　2週間でMY SDGsを社員皆で考えてもらうことをご提案しています。悩んでもらおう、色んな人と話してもらおうと思い、この設定にしています。最初の3日間で、4割近くが集まります。これで良いだろうと安易に考えて提出する方たちです。初日に出して、最終日に変更する人もいます。**悩んだ人のほうが、SDGsに真剣に向き合っています。**

　社員全員のMY SDGsを集約し、会社のホームページにMY SDGsを掲載しましょう。インターネットがない場合は、色紙に各自がマジックや筆で書き、それを壁に貼るという方法も効果的です。毎日、社員皆に見られるのですから、真剣に考えます。

　MY SDGsの面白い活用方法をいくつかご提示します。

①家族に考えさせる

　子供がいる社員には、子供に考えさせて、その子にサイン入りでMY SDGsを書かせるのです。親ですから、**子供が考えたことは必死で頑張ります。**子供がいなければ奥様に書いてもらっても良いかも知れません。

②最初の文字を割り振って、MY SDGsカルタをつくる

　社員50人前後の会社でしたら、1人1枚でカルタはでき上がります。例えば「お」が与えられたら、「お風呂は週に1回しか入りません。6日はシャワーで済ませます。」とかです。制限があったほうが面白いことを考えます。

③MY SDGsを入れたTシャツをつくる

　各自が考えたMY SDGsをTシャツにプリントして、全員に配付。社内にいる時は、それを着て業務を行ってもらいましょう。笑いの対象になっても良いではないですか。子供や奥様に考えてもらったMY SDGsのTシャツでしたら家族にプレゼントしても喜ばれるでしょう。

MY SDGsの見本です。

会社で

エレベーターをつかいません。階段をつかいます。

二度と見ないメールは即刻削除します。

可能な限り白黒・両面印刷を実行します。

日々の生活で

買い物はできるだけ地元で行います。

食べ残しは絶対にしません。

一駅は歩いて移動します。

自宅で

ケータイの過充電は行いません。

歯を磨いている時は水道の水を止めます

寝る前にすべての灯りを消します。

MY SDGsアクションを書きましょう!

エシカルとは、「倫理的」「道徳上」という意味の形容詞です。

　一般的なエシカル消費とは、人・社会・地域・環境に配慮した個人の消費行動のことです。一人ひとりが、社会的な課題に気付き、日々の消費活動を通して、その課題の解決のために、何ができるのかを考えて実践しましょうという動きが、ここ数年一般化してきました。それを象徴する言葉です。

　今まではどちらかというと、個人それぞれがエシカルに消費しようという、エシカル消費にスポットライトが当たっていましたが、**今後は企業にもエシカルという概念が、間違いなく求められます。**個人以上に、企業がエシカルでなくてはいけないのです。安易に事業を展開している企業はないと思いますが、何となく今までの仕入れ業者から原材料の購入を続けているという企業は多いでしょう。その原材料は、本当に安心できるものでしょうか。

　エシカル消費は「豊かで、余裕がある人だけが実践するもの」ではありません。一人ひとりが、SDGsの根底にある「思いやり」という精神を持った消費行動を心掛けて、商品が届くまでの背景や廃棄された後の影響を考え、そこにある課題を想定し、解決につながるような商品やサービスを利用するということです。

　これを企業の立場に立って考えると、消費ではなく、生産というスタンスで捉えて、**「商品の企画設計、原材料の仕入れ、生産、輸送、小売りというすべてのサプライチェーンを、責任を持って管理し、適切で安全な商品を消費者に届けましょう」**ということに他なりません。

　エシカル消費を促進するために、6つのRというワードがよくつかわれます。「REFUSE」を「RESTRICT」に変えて、企業の6Rをつくってみました（右ページ参照）。

企業にとってのエシカル6R

RESTRICT 制限する	クリアファイルなどの新規利用を制限する。社封筒・文具などの備品を制限する。片面印刷を避け、印刷用紙を制限する。
REDUCE 減らす	プラスチックの消費を減らすためにマイボトルの利用を促す。ペットボトルの自販機を減らす。無駄なゴミの排出を減らす。
REPAIR 修理する	机・本棚・椅子などの備品も、安易に買い替えるのではなく、修理に出して長くつかう。
REUSE 繰り返しつかう	安易にゴミにせず、何度もつかい続ける。片面印刷や片面コピーの場合、裏を利用する。
REPURPOSE 形を変える	デザインや技術の力をプラスし製品の元の形を変え、付加価値をつけて新たなものにつくり替える（消防ホースをからつくったトートバッグなど、いくつもの例がある）。
RECYCLE リサイクル	素材別に仕分け、別の形で再利用してみる。新たな製品をつくる（紙業界や衣類業界では当たり前になりつつある）。

社内のエシカルルールを設定し、実践させましょう

　アメリカの企業倫理に関する専門研究機関「エシスフィア・インスティテュート」は、2007年の創設以来、世界で最もエシカルな企業のリストを発表しています。2021年は22カ国、47産業分野から135社が選ばれました。この135社の中で、日本から選ばれたのは花王とソニーの2社だけです。花王は初年度から15年連続で選出されており、このリストに入ることを役員報酬のKPIにも設定しているそうです。

　一般社団法人エシカル協会は、エシカルを「人や地球環境、社会、地域に配慮した考え方や行動」と定義しています。

　また、消費者庁では事業者の視点として、「企業市民」「企業の社会的責任」の重要性を認識した上で、エシカルを実践した場合、以下の3つの効果があると記しています。

①サプライチェーンの透明性向上
②差別化による新たな競争力の創出
③利害関係者からの信頼感、イメージの向上（資本市場での事業者の評価向上）

　必ずこの効果が得られるというわけではありませんが、「日本の企業はもっと賢くなって欲しい」ということの表れです。昭和の時代は、とにかく「ひたすら働いて、どんどん稼ぐ会社」が良い会社とされましたが、今は違います。**「賢く経営して、社会に認められる会社」**になるべきなのです。

　企業においてエシカルルールを設定する場合、業態や商品によって異なります。そこで、右ページに7つの視点を挙げてみました。「今までにない、誰もが見逃していたエシカルな素材をみんなで探そう。そして、それを商品化しよう」。そんなスローガンで良いと思います。**自社のエシカルルールを組み立てましょう。**

エシカルな企業になるための7つの視点

エシカルな調達	フェアトレード、オーガニック、リサイクル、間伐材などをポイントに、安全で環境に配慮した原材料を調達する。
エシカルな取り組み	省エネやゴミの削減に取り組む。ペーパーレスを促進する。地元企業と連携する。
エシカルなプロダクツ	ヴィーガンレザーコート、シートベルトバッグ、横断幕トートバッグなどの製品を送り出す。
エシカルな働き方	社員がお互いの違いを受け入れ、活かし合いながら、それぞれに実力を発揮できる働き方を目指す。
エシカルなオフィス	環境に配慮した素材の机・椅子・応接・内装など、ユニバーサルデザインやダイバーシティへの配慮を行う。
企業としてのエシカル消費	備品・消耗品の購入にあたって環境や社会に配慮した製品を選定する。
社員個々のエシカル消費	地産地消商品の購入、リサイクルTシャツの購入、賞味期限の近い牛乳の購入など。

ゴミ減らし・電力削減などの
すぐにできるSDGsを実践しましょう

　右ページにすぐにできる社内でのSDGsアクションを列記してみました。ここでは**ペーパーレスという視点**で考えてみました。他にもないか皆さんも考えてみてください。

☆百科事典

　昭和の時代、どこの応接室にも置かれていました。それほど裕福でなかった私の田舎の家にも置いてありました。文学全集は読みまくったのですが、百科事典は開いたことさえありませんでした。母に聞いたら、強引なセールスマンに買わされたとのことでした。今も社長室には美術全集などと一緒に、ずらっと並んでいるのではないですか。昔はそれがステイタスだったのです。インターネットの普及により、百科事典自体がほぼ要らなくなりました。ブックオフや古書店でも百科事典は、ほぼ値がつかない、あるいは引き取ってくれないこともあるようです。メルカリに出したら、送る段ボール代の方が高かったという話も聞きます。この際、百科事典を断捨離してはいかがでしょう。再生紙になります。

☆取扱説明書

　あなたの会社の製品には取扱説明書を同梱しておられますか。それは、法的に必要だからですか。クレームがあった時の逃げ口上として同梱しているのでしたら、もう終わりにしませんか。拙宅には取扱説明書だけを入れている箱があり、常に満杯状態です。すでに、粗大ゴミとして出した電化製品の取扱説明書もあるでしょう。

☆パンフレット

　例えば、分譲マンションのパンフレットは、とても豪華につくられています。そのマンションの格を演出するためのものとしてマストアイテムでした。しかし、今はPDFで欲しいという客も多いそうです。モデルルームもフルCGの時代がやって来ます。様々なビジネス文書が、すべて電子化されようとしています。消費者もそれを望んでいます。紙の無駄を徹底的になくしましょう。

会社ですぐに実践できるSDGs

わが社も 脱炭素を推進しよう	● 電気（エネルギー）の有効利用を常に心がける ● SDGs（エコ）を常に意識して行動
紙は大切につかい 会議・業務の ペーパーレス化を 促進しよう	● 名刺・封筒は再生紙を利用 ● 印刷用紙年間消費目標量を設定 ● 各挨拶の品、歳暮などはSDGs関連品に ● 各種申請書類・経理関係書類のペーパーレス化 ● 社内用は基本両面モノクロ印刷 ● 会議や日常業務のペーパーレス化
プラゴミをなくそう ゴミ排出量を 削減しよう	● クリアファイルの適正な活用 ● 年間のゴミ排出量目標の設定 ● 社員個々のゴミ分別の徹底 ● 机の周りの不要なモノを捨て、常にクリーンな状態に
階段の 2UP 3DOWN を実行しよう	● 2階上までは階段で上がる ● 3階下までは階段で下りる ［電気使用量の削減だけでなく、 社員皆の健康の促進にもつながります］
室内温度 2度UP 2度DOWN を実行しよう	現在の設定温度よりも ● 夏季は2度上げる ● 冬季は2度下げる ［暑い寒いと感じるのは、外からオフィスに 戻った後の数分だけです］

社内のリユースシステムを構築し、継続しましょう

　20年以上も前の話になりますが、愚息の小学校の入学にあたって、妻の両親にブレザースーツをプレゼントして頂きました。入学式当日は記念写真も撮り、ブレザースーツは立派に役目を果たしたのですが、翌日から全く着る機会がなく、タンスにしまい込んだままになってしまいました。

　その話を大学のOB会でしていたら、後輩の一人が「うちの息子が来年入学式なのですが、譲ってください」と言ってきました。帰宅して妻に話したら、「どうせもうサイズも合わないし、どうぞ」と快諾。早速、後輩の家に送りました。それから2年ほど経ったある日、後輩がこう言ってきたのです。「4月1日付で、関西に転勤する友人の息子が、大阪に着いて間もなく入学式を迎えるそうなのです。あのブレザースーツ渡しても良いですか」「もう君の家のものだし、どうぞ」と答えました。聞くところによると、そのあと関西の友人も別の家族に譲ったそうです。

　メルカリもない当時ですから、後輩からの申し出がなかったら、妻の性格からして、おそらく廃棄処分になっていたと思われるブレザースーツが、**何度もリユースされたのです。**

　本も同様です。私は現在、電子書籍も併用していますが、それまで年間50冊以上の本を購入していました。自宅の本棚もギッシリという状態です。思い出が詰まった本もありますが、もう読まないだろうと思う本もたくさんあります。

　家具のように場所を取るものは難しいでしょうが、**社員全員で書籍や衣類のリユースシステムを活用し始めたら、皆がハッピーになるのではないでしょうか。簡単なことです。「リユースやるぞ！」と宣言して、その場所を設け、1枚紙を貼り、簡単な社内ルールだけを決めれば良いのです。**

皆が喜ぶリユースシステム

もっと本が読みたい。どの本を読めば良いのかわからない。本を買うのにも、結構金がかかる。

思い出もあるけど、もう読まない。本棚もいっぱい。書籍買取店にいくのも面倒くさい。

社内リユースコーナー（ルールを決めて設置）
メールでやり取りして自宅に送る方法も

もう、うちの子着ないし。サイズも合わない。洋服箪笥もいっぱい。どうしようかしら。

丁度良かった、欲しかったのです。子供のおしゃれ服。本当にありがとうございます。

食器や
おもちゃも…

あなたの会社の
パーパスを明文化しましょう

STEP
05

STEP
05

あなたの会社の
パーパスを明文化しましょう

　「パーパス」とは、ミッション、ビジョン、バリューの上位概念と言われています。

「自社は何のために存在するのか」そして、「社会にとって価値のある企業になりたい」という信念を意味しています。組織や企業の存在意義を根底から問い直す言葉です。

　言い換えれば、企業だけでなく個人にも共通する「志」です。

　古来より日本人が大切にしてきたものです。

　ある社長にパーパスは何ですかとお聞きしたところ、この回答を頂いたことがあります。

「私にとってのパーパスは、自社、そして私は何のためにいるのだという存在意義だと思っています。社員にも、自分の存在意義を考えるように指示しています」

　SDGsの浸透と共に、パーパスを見直す企業が世界的にも増えています。また、今までパーパスを宣言していなかった企業も パーパスが必要だという意識が高まり、パーパス経営という概念が一般化しました。

STEP5 で 目指したいこと

あなたの会社が本当に目指したいことは何ですか
もう一度考えて頂きます。

会社を裸にして、棚卸をしてみてください。
会社には目に見える財産と見えづらい財産が存在します。
その両方を洗い出してください。

地方の中小企業では、なかなかできないことですが、
自社の事業・商品は業界内でどんな位置なのか、
社会的な視点ではどうなのかを整理してみましょう。

自社の存在意義、自社の価値をどこに設定するのか。
「志」をパーパスとして設定しましょう。

志を言葉で表したパーパスに基づいて
自社のSDGs宣言を明文化し世に送り出しましょう。

どんな企業にも、経営計画は必要です。
パーパスに基づいてSDGs視点で
経営計画を組み立ててみましょう。

パーパスには「こうありたい」という、
願いが込められています。
今まであなたの会社も、こうやらなければいけないという
想いにがんじがらめになり、どちらかというと
「追い続けたい夢」は二の次になっていませんでしたか。
その夢を改めて考えてみましょう。

自社の財産と自社でできることを 改めて整理しましょう

　資産とは会計学的に「会社の経済主体に帰属する用益潜在力」と定義されています。また、資産は流動資産・固定資産・繰延資産に分類できます。さらに、流動資産は「当座資産」「棚卸資産」「その他の資産」に分類され、固定資産は「有形固定資産」「無形固定資産」「投資その他資産」に分類されます。

　それでは、財産とは何を指すのでしょうか。会計学的には、「固定資産や有価証券など、それ自体を売却することで資金に換金できるものと、現金や預金など支払い手段」のことを財産と言うそうです。

　会計学については完全な素人ですので、この分類や考え方に異論を唱えるつもりはありません。私が注目したかったのは、会計学で無形固定資産とされている、特許権、借地権などの権利で形のないものや「のれん」などのブランドです。さらには、**熟練工の技術や、新しい菓子を創り出すパティシエの素晴らしい発想力などは、会計学上では全く記されていません。私は、このブランド力や社員の能力などすべてが会社の財産だと思うのです。**勝手に分類することが許されるのであれば、「目に見える財産」と「目に見えづらい財産」ではないでしょうか。

　私が勝手に行った分類を右ページにまとめました。この中で、**最も見えづらいのは、「取引先の能力」と「社員の能力」**でしょう。

　日常的に接している取引先が所有しているネットワークやマーケティング力、調達力といった企業パワーを理解していますか。担当者には見積りや納品を依頼するだけで、その人やその会社が持つ能力をフルに活かしていると言えますか。また、あなたの会社の社員の能力をすべて理解していますか。**これしかできないだろう、これ以上無理だろう。勝手にそう判断していませんか。潜在能力も含めて、最大限活かしてみましょう。**

目に見える財産と見えない財産

目に見えるあなたの会社の財産

預金・株 ・土地・建物 など	設備・備品 ・社有車 など	各種マニュアル ・設計図面 など
原材料・商品 ・成果物 など	取引先 ・ネットワーク	自社の組織 ・社員

▼

自社の資金力、現在プロダクトしている商品や原材料、ネットワークを
すべて洗い出した上で、SDGs の視点で新たにできる新規事業・新商品
の開発を考える。

▼

- 自社製品の SDGs 視点でのパーパスを考える
- 地域貢献・地域企業との連携を考える
- 環境にやさしい素材での新商品を開発する
- 現在の製品を SDGs 関連製品にできないかを考える

目に見えないあなたの会社の財産

のれん・伝統・歴史	評判・信用力	著作権・登録商標
技術力・ノウハウ	取引先の能力 （企業・人材）	社員の能力

自社の歴史の中で培われた技術力を SDGs 視点で見た場合、何か新し
い事業はできないのか。また、社員の新しい視点や発想で、SDGs 関
連新規事業を考える。

▼

- 我が社はこれしかできないという既成概念を捨てる
- SDGs の視点で、今までにない商品企画を発想する
- 業界で廃棄や処分しているものの再利用を考える
- 5 年後・10 年後の未来に必要とされるものを発想する

自社の事業・商品を業界内や
社会的な視点で整理してみましょう

自社の事業や商品を客観的に見たことはありますか。大企業は新規事業や新商品をスタートさせる場合、必ずマーケティングを行い、フィージビリティスタディを実施します。失礼かも知れませんが多くの中小企業の場合、「こんな良い商品ができた、明日から販売しよう」といった具合に、思いつきに近いかたちで新規事業のスタートや新商品の販売に踏み切られることが多いのではないでしょうか。

業界の集まりもあるでしょうから、業界内での自社の立ち位置は理解しておられるかも知れませんが、**自社の商品が社会的にどう評価されているのかなんて考えたこともないという方も多いと思います。自社の製品や事業が10年後も20年後も生き残っていけるのか、生き残るためにはどうすれば良いのかを考えることは、従業員の皆さんのためにも重要なことです。SDGsの導入は、それを考える良いきっかけであり、同時に考えるためのバイブルでもあるのです。**

例えばラーメン屋と蕎麦屋の視点で考えてみましょう。最近、母校である早稲田大学周辺の蕎麦屋は閉店を余儀なくされ、ラーメン屋ばかりが目立つようになりました。学生が蕎麦を食べなくなったから。確かにその要因が大きいことは事実です。伝統ある蕎麦の名店なら来客にも困らないでしょうが、行列ができている蕎麦屋はほんの一握りです。暴言かも知れませんが、蕎麦屋の主人の努力が足りない点もあると思っています。ラーメン屋を目指している方、あるいはすでに開業されている方の多くは、大変な努力をしておられます。美味しいと言われる店、話題になっている店に足を運び、自分はどういう味を目指し、他店とどう差別化するかを考えて経営しておられます。**マーケティングをきちんとしているから繁盛店になっているのです。**

こんな視点で捉えて
こんな方を救いたいのです。

とうふ

地方の県庁所在地で100年続く豆腐屋の4代目。代々受け継がれてきた木綿豆腐がメイン商品で、地元の固定客はいるものの、駅前のデパートや近郊のスーパー、さらには周辺のコンビニに押され、毎年売上は減少の一途。娘も嫁に行き、このままでは、近いうちに店を畳まなくてはいけない。解決策はあるのだろうか。

この豆腐屋さんへの質問です。（※ちなみに、豆腐の原材料である大豆の国内自給率は6％です）

なぜ売上が減っているのかを考えましたか	日本人が豆腐を食べなくなったからだということを理由にしていませんか。
他の店の豆腐を食べましたか	名店と言われる豆腐を食べましたか。自分の豆腐が一番だと思っていませんか。
なぜスーパーやコンビニで買うのですか	スーパーで豆腐を買う方と自分の客は違うと思っていませんか。
原材料に気を配っていますか	先代もずっと外国産の大豆をつかっていたし、味を変えたくないのですか。
営業活動をしたことがありますか	駅前のホテルに頼んでみませんか、恥ずかしくてできませんか。
インターネットを利用していますか	豆腐業界の情報収集や、インターネット通販も可能です。
情報交換をしている同業の友はいますか	協会はあるが小さいですね。業界自体に横のつながりがないのでしょうか。

ここでは豆腐屋を取り上げましたが、他にも同じようなお店があるでしょう。
こんな提案をするコンサルもいないのではないでしょうか。
まちのお店を残すのも、立派なSDGsの活動です。

自社のパーパスを定めましょう

　ほんの10年前まで、日本の多くの企業は「MVV」を設定して、会社の向かう姿を定めていました。パーパス経営というワードが提唱された今でも、それはあまり変わっていないのかも知れません。MVVの定義は下記の通りです。

- M（ミッション）　…　会社の使命、会社の存在価値
- V（ビジョン）……　会社が向かうべき姿、中長期的な目標
- V（バリュー）……　会社の共通価値観、会社としての行動指針

　何だ、ミッションとパーパスは似たようなワードではないか。どう違うのだとおっしゃるかも知れません。ここからは私見としてお読みください。

　現在、多くの企業が掲げているミッションは後付けだと思っています。ミッションを先に決めて会社を創業する方は、いないとは言いませんが少数派でしょう。商品やビジネスモデルが先にあって、企業がある程度の規模に達した段階で、ミッションを定めているのではないでしょうか。

　従って、自分の会社の現在と未来を見据えた場合、**ミッションはこうでなくてはいけないという視点から発想されています**。事業の拡大が大前提であり、社会的な存在意義が加えられているとすれば義務感なのかも知れません。掲げられているビジョンも、日本の会社が大好きな中期経営計画のために策定されるので、3年から5年の中期的な視点がほとんどです。

　それに対して、**パーパスは「志」です。こうありたい、こうなりたいという想いが基本になります。**

　「ひたすら事業の拡大を目指し、儲けて社員に還元する、それが志だ」それが悪いとは言いません。この本は、SDGsの精神に基づいて書いています。**あなたの会社は、社会に対してどのような価値や意味を生み出すのかを、長期的な視点で考え、パーパスを設定してください。**

代表的な日本企業のパーパスをご覧ください。

日産自動車	人々の生活を豊かに。 イノベーションをドライブし続ける。
SONY	クリエイティビティとテクノロジーの力で、 世界を感動で満たす。
富士通	イノベーションによって社会に信頼をもたらし、 世界をより持続可能にしていく
花王	豊かな共生世界の実現
ライオン	より良い習慣づくりで、 人々の毎日に貢献する（ReDesign）
オリンパス	世界の人々の健康と安心、心の豊かさの実現
LIXIL	世界中の誰もが願う、 豊かで快適な住まいの実現
江崎グリコ	すこやかな毎日、ゆたかな人生
関西電力	「あたりまえ」を守り、創る
NEC	安全・安心・公平・効率という社会価値を創造し、誰もが人間性を十分に発揮できる持続可能な社会の実現を目指します。

パーパスに基づいて
SDGs宣言を明文化しましょう

　SDGs宣言とは、「自社のSDGs達成に向けた取り組みや基本的な考え方」を社内外に表明することです。このSDGs宣言を、自社のホームページで発信する目的は大きく2つあります。

　1つ目は社員への啓蒙です。自社がSDGsに取り組んでいるという意識を持つことにより、帰属意識が高まるだけでなく、自分もSDGsに取り組まなければならないという意識の向上につながります。SDGsに関心のなかった社員も、ホームページで発信されたことにより社外から注目され、結果的に自分もSDGsに関心を持たざるを得なくなるのです。
　2つ目は、社会からSDGsに積極的に取り組んでいる企業だと認識されることです。SDGsへの関心がこれだけ高まった現在、SDGsに取り組んでいない企業は、SDGsに取り組んでいる会社より取引が不利になるケースがあります。SDGs宣言を発信することは、社会へのマナーなのです。

　SDGsの進め方同様、SDGs宣言の内容にもルールはありません。しかし、**具体的なプロジェクトが決まっていない段階でSDGs宣言だけを発信することはお勧めできません。**後述しますが、SDGsウォッシュと指摘される可能性があるからです。「何だ、やると言っておきながら、実際には何もやっていないではないか」と言われかねないのです。

　右ページに掲げた鳥取県のように、自治体自らがSDGs宣言を行っているケースや、SDGs宣言を行った企業を支援する自治体も増えています。SDGs宣言を行った企業名を、その自治体のホームページで紹介すると共に、自治体オリジナルのロゴマークやキャラクターの使用が許可される他、SDGs関連事業への融資制度を設けている自治体もあります。

SDGs宣言書の事例

**多くの自治体が、SDGs宣言を行うと共に、オリジナルのSDGsロ
ゴマークを作成しています。**

官民連携のプラットフォームを設けて、参画する企業・団体と共
に、 SDGsの活動を推進しています。

**その登録の特典として、企業・団体にもオリジナルロゴの使用を
認めています。**オリジナルロゴであれば、国連を気にすることなく
利用できるため、自治体も、プラットフォームに参加している企業・
団体も、名刺・自社製品・有料のセミナーやイベントの告知などに
SDGsオリジナルロゴを使用しています。

「SDGs日本モデル」宣言

　SDGs日本モデル宣言とは、地方自治体が国や企業、団体、学校・研究機関、住民などと連携して、地方からSDGsを推進し、地域の課題解決と地方創生を目指していくという考え・決意を示すものです。官民連携パートナーシップ、民間ビジネスの力、次世代・ジェンダー平等の大きく3つの柱で構成され、政府が策定した「SDGs実施指針」及び「SDGsアクションプラン2020」にも位置付けられています。本宣言は2019年1月30日、神奈川県が横浜市・鎌倉市と共催、他のSDGs未来都市の協力も得て開催した「SDGs全国フォーラム2019」において、全国93自治体の賛同を得て発表されました。その後も多くの地方自治体が追加で賛同し、2022年11月21日現在、437の自治体が賛同しています。

　地方自治体は、地域のステークホルダー（関係者）との官民連携を進め、地方からSDGsを推進し地方創生を目指す、日本の「SDGsモデル」を世界に発信することを目指しています。

「SDGs日本モデル」宣言

　私たち自治体は、人口減少・超高齢化など社会的課題の解決と持続可能な地域づくりに向けて、企業・団体、学校・研究機関、住民などとの官民連携を進め、日本の「SDGsモデル」を世界に発信します。

1. SDGsを共通目標に、自治体間の連携を進めるとともに、地域における官民連携によるパートナーシップを主導し、地域に活力と豊かさを創出します。
2. SDGsの達成に向けて、社会的投資の拡大や革新的技術の導入など、民間ビジネスの力を積極的に活用し、地域が直面する課題解決に取り組みます。
3. 誰もが笑顔あふれる社会に向けて、次世代との対話やジェンダー平等の実現などによって、住民が主役となるSDGsの推進を目指します。

〈出典：SDGs日本モデル宣言のホームページ〉

「SDGs日本モデル」宣言 賛同自治体 その1
全国437自治体が賛同しています

（2022年11月21日現在）

北海道	北海道	福島県	福島県	群馬県	群馬県	神奈川県	神奈川県
	札幌市		郡山市		前橋市		横浜市
	名寄市		須賀川市		桐生市		川崎市
	北斗市		二本松市		伊勢崎市		相模原市
	蘭越町		田村市		沼田市		横須賀市
	ニセコ町		本宮市		渋川市		平塚市
	倶知安町		大玉村		富岡市		鎌倉市
	沼田町		鏡石町		安中市		藤沢市
	下川町		天栄村		下仁田町		小田原市
	様似町		南会津町		嬬恋村		茅ヶ崎市
	上士幌町		磐梯町		みなかみ町		逗子市
	厚岸町		猪苗代町	埼玉県	埼玉県		三浦市
	標茶町		柳津町		さいたま市		秦野市
青森県	青森県		会津美里町		川越市		厚木市
	弘前市		石川町		熊谷市		大和市
	十和田市		玉川村		川口市		伊勢原市
	三沢市		平田村		秩父市		海老名市
	六ケ所村		浅川町		春日部市		座間市
岩手県	岩手県		古殿町		草加市		南足柄市
	一関市		三春町		越谷市		綾瀬市
	陸前高田市		小野町	埼玉県	戸田市		葉山町
	雫石町	茨城県	茨城県		入間市		寒川町
宮城県	宮城県		水戸市		新座市		大磯町
	石巻市		つくば市		久喜市		二宮町
	気仙沼市		東海村		北本市		中井町
	岩沼市	栃木県	栃木県		三郷市		大井町
	東松島市		宇都宮市		坂戸市		松田町
	南三陸町		足利市		吉川市		山北町
秋田県	秋田県		日光市		三芳町		開成町
	北秋田市		小山市		美里町		箱根町
	にかほ市		那須塩原市	千葉県	千葉県		真鶴町
	仙北市		さくら市		千葉市		湯河原町
	大潟村		下野市		木更津市		愛川町
山形県	山形県		上三川町		柏市		清川村
	金山町		壬生町	東京都	東京都	新潟県	新潟市
	飯豊町		野木町		新宿区		柏崎市
					豊島区		妙高市
					葛飾区		佐渡市
					日野市		阿賀町

STEP 5　159

「SDGs日本モデル」宣言 賛同自治体 その2
長野県が最多です

県名	自治体
富山県	富山県
富山県	富山市
富山県	高岡市
富山県	南砺市
石川県	石川県
石川県	金沢市
石川県	珠洲市
石川県	加賀市
石川県	かほく市
石川県	白山市
石川県	能登町
福井県	福井県
福井県	勝山市
福井県	鯖江市
福井県	あわら市
福井県	坂井市
福井県	永平寺町
福井県	越前町
福井県	美浜町
山梨県	山梨県
山梨県	富士吉田市
山梨県	都留市
山梨県	北杜市
山梨県	甲斐市
山梨県	中央市
山梨県	身延町
山梨県	富士川町
山梨県	小菅村

県名	自治体
長野県	長野県
長野県	長野市
長野県	松本市
長野県	上田市
長野県	岡谷市
長野県	飯田市
長野県	諏訪市
長野県	須坂市
長野県	小諸市
長野県	伊那市
長野県	駒ケ根市
長野県	中野市
長野県	大町市
長野県	飯山市
長野県	茅野市
長野県	塩尻市
長野県	佐久市
長野県	千曲市
長野県	東御市
長野県	安曇野市
長野県	小海町
長野県	川上村
長野県	南牧村
長野県	南相木村
長野県	北相木村
長野県	佐久穂町
長野県	軽井沢町
長野県	御代田町
長野県	立科町
長野県	青木村
長野県	長和町
長野県	下諏訪町
長野県	富士見町
長野県	原村
長野県	辰野町
長野県	箕輪町
長野県	飯島町

県名	自治体
長野県	南箕輪村
長野県	中川村
長野県	宮田村
長野県	松川町
長野県	高森町
長野県	阿南町
長野県	阿智村
長野県	平谷村
長野県	根羽村
長野県	下條村
長野県	売木村
長野県	天龍村
長野県	泰阜村
長野県	喬木村
長野県	豊丘村
長野県	大鹿村
長野県	上松町
長野県	南木曽町
長野県	木祖村
長野県	王滝村
長野県	大桑村
長野県	木曽町
長野県	麻績村
長野県	生坂村
長野県	山形村
長野県	朝日村
長野県	筑北村
長野県	池田町
長野県	松川村
長野県	白馬村
長野県	小谷村
長野県	坂城町
長野県	小布施町
長野県	高山村
長野県	山ノ内町
長野県	木島平村
長野県	野沢温泉村
長野県	信濃町
長野県	小川村
長野県	飯綱町
長野県	栄村

県名	自治体
岐阜県	岐阜県
岐阜県	岐阜市
岐阜県	高山市
岐阜県	多治見市
岐阜県	中津川市
岐阜県	瑞浪市
岐阜県	飛騨市
岐阜県	本巣市
岐阜県	郡上市
岐阜県	下呂市
岐阜県	海津市
岐阜県	垂井町
岐阜県	七宗町
岐阜県	東白川村
岐阜県	御嵩町
静岡県	静岡県
静岡県	静岡市
静岡県	浜松市
静岡県	富士宮市
静岡県	富士市
静岡県	掛川市
静岡県	御殿場市
愛知県	愛知県
愛知県	名古屋市
愛知県	豊橋市
愛知県	岡崎市
愛知県	一宮市
愛知県	瀬戸市
愛知県	豊田市
愛知県	安城市
愛知県	西尾市
愛知県	蒲郡市
愛知県	小牧市
愛知県	大府市
愛知県	知立市
愛知県	豊明市
愛知県	田原市
愛知県	みよし市

「SDGs日本モデル」宣言 賛同自治体 その3　西日本が少ない傾向にあります

三重県	三重県	兵庫県	兵庫県	徳島県	徳島県	熊本県	熊本県
	桑名市		姫路市		上勝町		熊本市
	名張市		尼崎市	香川県	香川県		八代市
	いなべ市		明石市		高松市		水俣市
	志摩市		西宮市		丸亀市		菊池市
	東員町		養父市		三豊市		阿蘇市
	明和町	奈良県	生駒市	愛媛県	愛媛県		合志市
	紀宝町		三郷町		松山市		美里町
滋賀県	滋賀県		十津川村		今治市		小国町
	大津市		川上村		伊予市		山都町
	彦根市	和歌山県	和歌山県		松前町		多良木町
	長浜市		和歌山市	高知県	高知県	大分県	大分県
	守山市		橋本市		高知市		中津市
	甲賀市	鳥取県	鳥取県		室戸市		臼杵市
	湖南市		智頭町		南国市		津久見市
	豊郷町		八頭町		土佐町		竹田市
	甲良町		湯梨浜町		越知町		杵築市
京都府	京都府		琴浦町	福岡県	福岡県		宇佐市
	亀岡市		日南町		北九州市		由布市
	木津川市	島根県	島根県		福岡市	宮崎県	宮崎市
大阪府	大阪府		益田市		大牟田市		日向氏
	堺市	岡山県	岡山県		久留米市		門川町
	豊中市		岡山市		直方市	鹿児島県	鹿児島県
	泉大津市		倉敷市		田川市		鹿児島市
	高槻市		井原市		宗像市		鹿屋市
	守口市		高梁市		太宰府市		薩摩川内市
	茨木市		瀬戸内市		福津市		霧島市
	八尾市		真庭市		糸島市		志布志市
	泉佐野市		浅口市		小竹町		姶良市
	富田林市		奈義町		鞍手町		さつま町
	寝屋川市		西粟倉村		苅田町		大崎町
	河内長野市	広島県	広島県	佐賀県	伊万里市		徳之島町
	門真市		呉市	長崎県	長崎県	沖縄県	沖縄県
	藤井寺市		東広島市		対馬市		恩納村
	阪南市	山口県	山口県		壱岐市		
	島本町		宇部市				
			長門市				

〈出典:SDGs日本モデル宣言のホームページ〉

パーパスに基づいてSDGs視点で
経営計画を組み立ててみましょう

改めてお聞きしますが、あなたの会社は経営計画をきちんと組み立てていらっしゃいますか。多くの会社は、社訓・社是は決めて数値目標は立てているが、経営計画を定期的に組み立ててはいない、とお答えになるのではないでしょうか。

これを機会に経営計画を立案してはいかがでしょう。大企業のように、何十頁も詳細に記す必要はありません。全社員で1つの事業を行っておられるのであれば、「その事業の未来像」「今後数年間の目標」「目標を実現する手段」をまとめてみてください。いくつもの部門があるのであれば、これを全社の視点と部門ごとの視点でまとめれば良いのです。

本書は、読んで頂くために書いていますが、それ以上にお願いしたいのは、**「実際にあなたの会社でSDGsを始める、パーパスを考える、SDGsを宣言する、経営計画を立てる」**ということを実行して頂くことです。ここまで書いた手順を実行して頂いた方は、自社の現状、自社の財産、自社が向かうべき未来をある程度ご理解頂いたのではないでしょうか。

中小企業が大前提として捉えるべきなのは、「企業の存続」です。今はある程度の利益を出しているとしても、扱っている商品が社会の動きに逆行しており、需要が減少していくものであれば10年後の未来はありません。例えば、印刷やガソリンが、その代表例です。

SDGsは多くのことを教えてくれます。社会が求めているのは何なのか。世界はどういう未来を目指しているのか。

従業員5人の我が社もSDGsに学べることはあるのか。こんな地方の我が社にそれが関係あるのか。その考えを一度捨てて、右のキーワードに従って、あなたの会社の未来像を考えてみましょう。会社の皆さんと一緒に。

※右ページの表の中で、わからない言葉、初めて聞く言葉があったら検索しましょう。

経営計画立案にあたってのSDGs視点のキーワード

社会動向	気候変動・地球温暖化・**再生可能エネルギー**・キャッシュレス・**環境保護**・脱炭素
開発コンセプト	少子化・**人生100年時代**・メタバース・ジェンダーフリー・リサイクル・NFT
調達・仕入れ・原材料	フェアトレード・小児労働・**認証マーク**・再生原材料・**オーガニック**・リユース
製造過程 製造要員	省エネ・節電・環境負荷の低減・障がい者の作品・ディーセントワーク
流通	CO_2削減・電気（水素）自動車・**簡易包装**・地産地消・**地域連携**
雇用制度	高齢者雇用・外国人採用・英語環境・出産・**男性育休**・くるみん・**介護休暇制度**
評価 雇用環境	男女均等・**福利厚生**・働き方改革・ワークライフバランス・社員評価制度
消費者	保証制度・リコール・**消費期限**・賞味期限・サブスク・**消費者評価**・所有から共有へ
社会的評価	ホームページ・SNS・動画・アンケート・Z世代・各種調査結果・**拡散**・バズり

STEP
06

SDGs プロジェクトを定め、
ゴールとスケジュールを
設定しましょう

SDGsプロジェクトを定め、 ゴールとスケジュールを設定しましょう

あなたの会社のSDGsプロジェクトを定め、ゴールとスケジュールを設定して頂きます。いくつかの注意点があります。

❶ **会社を裸にする。**STEP5-1で行った、財産の整理です。自社の事業資産・蓄積された技術ノウハウ・人財・業界内での位置・外部の評価などを、整理しましょう。

❷ **「MUST計画」と「DREAM計画」は明確に分けます。**「MUST計画」は現時点で実現可能であり、ぜひとも実行すべき計画です。MUST計画がある程度達成されないと、社員のモチベーションも下がってしまいます。STEP6で進める計画は、あくまでMUST計画です。
「DREAM計画」はSTEP8のムーンショット計画で詳しく述べます。将来的に実現したい会社としての夢です。

❸ このSTEPで進める**MUST計画はプロジェクト内容とスケジュールをできるだけ細かく設定しましょう。**

❹ このSTEPでは無理だと思われること、会社に損失を与える可能性があることは入れないでください。

❺ プロジェクトの総責任者は経営者ですが、プロジェクトの立案及び進行は社員の自主性を尊重してください。

STEP6 で目指したいこと

SDGsプロジェクトの実践計画です。 プロジェクトを
進める目的とパーパスに基づいてスタートしましょう。

会社のために、社員のために自社で推進できる計画を立案しよう

曖昧な表現は避け、具体的なSDGsを策定しましょう

地元・地域に自社ができることを考えましょう

背伸びして無理だと思うプランは不要です

世界共通のSDGsテーマをどう消化するかを検討しましょう

自社の業務・業界におけるSDGsプロジェクトを考えましょう

SDGs視点で社員の評価、休暇制度・人事制度を見直しましょう

実施するプロジェクトのゴールとスケジュールを設定しましょう

具体的なKPI（重要業績評価指標）を設定しましょう

初年度及び2030年までのスケジュールを設定しましょう

プロジェクトとゴールをすべて明文化し、発表してください

計画や進捗状況を相談できるパートナーをつくりましょう

定期的に進捗状況を確認し、改定・改良も行ってください

**言い換えると、SDGsという視点に則った、
年次経営計画です。
実現できそうなことを目指しましょう。
何一つ実現できなかったら、2年目がスタートできません。**

会社のために、社員のために
自社で推進できる計画を立案しよう

　自社で行うSDGsプロジェクトは、誰のためにやるのですか。会社のためであり、社員のためです。SDGsを始めた会社で、次のような話をよく聞きます。

　社長の立場から「社員がついてきてくれない。勉強会をやっても参加者が少ない」。社員の立場から「社長がSDGsやろうって言っているけど、何でこんなに忙しいのにやらなくてはいけないの。儲けるためにやるならわかるけど、社会貢献のために、こんな小さな会社が何でやるの」。

　そう、**完全なボタンの掛け違いです。社長は社員のためにやっていると思っているのに、社員にはそれが伝わっていない。間違った情報発信をしてしまったのかも知れません。**

　SDGsを企業として始める際、最も肝心なのはスタートです。スタートで躓いてしまったら、時間だけがかかってしまい、会社に何の利益ももたらしません。社長一人だけでスタートすると、孤立してしまう可能性もあります。共感して納得し一緒に歩んでくれるパートナー社員を見つけて、右ページにある言葉を発信してください。何より大切なのは社員の共感と納得です。最初は納得できない社員がいても、経営者やチームリーダーが誠意をもって、きちんと話せば、必ず共感してくれるのではないでしょうか。

　結果的に、会社で始めたSDGsが地域貢献や社会貢献を推進することになるかも知れません。しかしそれが、社員が会社のためになると考えて起案したことであり、それに皆が賛成したとすれば、それで良いではないですか。全社員でなくとも、2人がトライしたいという目標があったら、その2人にやらせてみましょう。参加意識が高揚します。**何より重要なのは、全社が1つになることです。**

── SDGsを始めます ──

　SDGsは世界が決めたルールです。2015年に国連が満場一致で決めた世界の約束です。最近、マスコミでも多く取り上げられていますから、社員の皆さんも耳にされたことはあると思います。SDGsの期限は2030年です。

　遅ればせながら、我が社もSDGsを始めようと思います。

　SDGsって、国や自治体や大企業がやることではないのですか。社会貢献がメインではないのですか。うちのような中小企業で始める意味はあるのですか。そう思われる方もいらっしゃるかも知れませんが、こう考えてください。

　私が常日頃、何より考えているのが、社員の皆さんの健康であり幸せです。そして、会社の継続と発展です。社員のため、会社のためでないと判断されるようなことは絶対やりません。SDGsは社員の皆さんのために、そして会社のために始めるのです。

　SDGsは企業の継続のためにあるとも書かれています。そして、これからの社会のために必要な、そして今後も変わらない視点が多く記されています。社員皆で一緒に、SDGsをつかって会社を発展させましょう。

　それが、社員皆や私たちが暮らすこの地域のために必ずつながります。私は、そう信じています。レッツ、スタート。

2000年　　○月
代表取締役社長
山田太郎

曖昧な表現は避け、
具体的なSDGsを策定しましょう

　SDGsの17の目標はほとんどが曖昧な表現です。特に、最初の3つの「目標1　貧困をなくそう」「目標2　飢餓をゼロに」「目標3　すべての人に健康と福祉を」は、曖昧で日本人にはピンときません。ところが17の目標個々につけられている169のターゲットの多くは、明確な表現になっています。例えばターゲット3.1では、「2030年までに、世界の妊産婦の死亡率を出生10万人当たり70人未満に削減する」。明確に、いつまでにという具体的な期日と、具体的な数値が書かれています。

　ちなみに2017年時点での世界の妊産婦の死亡率は出生10万人当たり約158人。これを半分以下にしようという、かなり高い目標になっています。何と1位の南スーダンは、1150人という高い死亡率です。日本は165位で5人という数字です。**医療がこれだけ整備された日本でも、出生10万人当たり5人が亡くなっているのです。**

　SDGs宣言は、意思表示という意味合いもありますので、曖昧な部分があっても良いと思いますが、**本STEPで進めるSDGsプロジェクトは、スケジュールや内容も明確にしてください。**

　例えば、「ゴミを減らそう」、これだけで本当にゴミが減るでしょうか。「ゴミを減らそう。現在我が社は、毎日70ℓのゴミ袋4つ分、年間で約1000袋、7万ℓのゴミを排出しています。これを3年後に毎日70ℓ×2袋、年間500袋を目標とします。そのためには具体的にどうすべきか、皆で考えましょう」。こう表現したほうが、社員の皆さんも身近に感じ、具体的な手段も頭に浮かぶのではないでしょうか。

　本STEPで進めるプロジェクトは、こうありたいという夢ではありません。数値が設定できない場合でも、これを目指そうという具体的なプロジェクトにすることを提案いたします。実現不可能な夢を設定しないでください。

例えばこのような SDGs プロジェクトの流れも

Q.

プロジェクト自体に
数値が入っていたほうが
良いのでしょうか

A.

数値が絶対必要ということではありません。プロジェクトを実現するための手段を設定する際に数字があったほうが良いと考えます。

例えば… **3人でやっているおにぎり屋さんが
SDGsプロジェクトを始めるのなら**

フードロスを実現しよう！

江東区亀戸で日曜定休の当店のおにぎりは平均1個170円で販売しています。平均すると、1日400個おにぎりをつくって、そのうち9割は売れるのですが、どうしてもその1割近く、おおよそ40個の売れ残りが出ています。これを2年後に半分にするというのが、店長である私のSDGsプロジェクトです。

店員A： 店長、私、**閉店後の8時から、店の前で「夜のおにぎり屋さん」**やります。実は前からやりたかったのです。

店員B： 店長、利益率は下がるけど、**毎日夕方6時半からタイムセール全品20円引き**にしたらどうですか。

店長： それありね。どうせなら周辺の皆さんにお願いして、**亀戸をタイムセール商店街**にしてもらおうかしら。

地元・地域に自社ができることを考えましょう

　地域に貢献することが、なぜSDGsにつながるのか。まず、そこからお話しします。駅前商店街にあるお店の方でしたら、地域に密着しているという実感があるでしょうが、まちから離れた工業団地の工場長の方は、地域という感覚も薄いでしょう。しかし、工場で働いている方の多くは、周辺にお住まいの方でしょうし、あなた自身もそうではないですか。地域から人が離れていけば、工場も成立しなくなるのです。言い換えれば、**工場自体も地域の一員なのです。皆で、住み続けられるまちづくりを目指さなければならないのです。**

　もう一つ大きなポイントが、**地産地消**です。日本の食料自給率はカロリーベースで約37%です。あなたが食べているものの6割以上は、国外から運ばれてきたものなのです。食料が運ばれる距離は、フードマイレージと呼ばれますが、地産地消によりエネルギーの削減やCO_2排出量の削減につながります。**地産地消は地域経済を活性化させることにもなり、地域の発展にもつながります。**

　地域貢献の実例として、カンガルー出勤という言葉が生まれた事例があります。子供が小さくて、働くことを諦めているママのために、子供たちのための場所と設備を用意し、誰かが交代で子供たちの面倒を見るという会社があり、その会社では「うちに来てカンガルー出勤しませんか」と呼び掛けて女性社員を採用するそうです。子供たちはすぐに大きくなり、カンガルー出勤から一人出勤になりますが、子供たちにとっても、そこは想い出の場所であり、そこに一緒にいる子供たちはみな兄弟です。

　そのカンガルースペース自体が、地域貢献を果たしているのです。また、人生100年時代です。働きたくても働く場所がない高齢者も、多くいらっしゃいます。ママが面倒見なくても、高齢者の女性は、無償でもそこで子供たちの面倒を見たいのです。

大げさに考えなくても地域貢献は可能です。

地域雇用	● 高齢者にできる仕事を考える ● 早朝・放課後の高校生アルバイト ● カンガルー出勤
地域イベント	● 定期開催ミニコンサート ● 毎月第二土曜日はフリーマーケット ● 会社敷地内でのキャンプ大会
ボランティア	● 周辺2キロのゴミ拾い会を毎月実施 ● 高齢者施設訪問 ● お寺や神社の清掃
子供支援	● こども食堂の設置 ● オフィスの一角をフリー図書館に ● ブランコなどの遊戯施設の設置
寄付	● 社内賽銭箱 ● 給与の1000円以下の端金を寄付に充てる ● 地位貢献NPOとの連携
自社事業の利用	例えばパソコン部品をつくっている工場だったら ● 高齢者へのパソコン教室 ● 子供プログラミング教室

背伸びして無理だと思う
プランは不要です

　ここで言う「無理だと思うこと」とは、実現のために多大なコストや人員が必要であり、企業の経営にまで影響を与えそうなプロジェクトのことです。

　例えば、従業員10名の水回り関係の会社で、目標6「安全な水とトイレを世界中に」達成のために、社員検討会で「水で困っているアフリカの国々の人たちを助けよう」という案が出て、実施案の企画に入ったとしましょう。個人が勝手に行くのは止められませんが、企業がSDGs宣言をして、ホームページにも掲載したとしたら、結果を残さなくてはいけません。できませんでしたということになったら、明らかなSDGsウォッシュです。たとえ1カ国でも、現地調査を行って、2人の人員を1年間派遣して、機材も日本から運ぶとすれば、莫大なコストがかかります。大手企画の全面協力がなければ、不可能に近いでしょう。

　こういった壮大なことを考えるのは大変楽しいのですが、企業のSDGsプロジェクトとして設定することは賛成できません。この会社が設定するプロジェクト、このような案はどうでしょうか。

● **SDGs視点の水回り商品に拘ります**（節水型、水栓金具のリサイクル、環境配慮型など）。

● **「水を大切に」をテーマに、具体的な節水・節湯の方法を提案する**ホームページを作成します。

● 公共施設・高齢者施設などの**水回り設備を毎月1軒、ボランティアで点検**します。

● **「わが町にも温泉を」**。夢かも知れませんが、2030年まで我が町の温泉探しを行います。

　温泉の案は、夢に終わるかも知れませんが、まちが1つになるきっかけにもなりますし、結果的に出なかったとしても、怒る方は少ないでしょう。

そうは言っても夢を考えるのは楽しいことです。そこで私が勝手に「夢の目標」を考えてみました。

国境をなくそう

国境があるので諍いが起きるのです。
いっそのこと世界中から国境をなくしましょう。

絶滅危惧種を減らそう～魚も動物も同じ地球の仲間

2019年のレッドリスト、絶滅危惧種は2万8338種。
2030年までに1万種に。

世界中の人にインターネットを

2018年、インターネットがつかえない方は世界の60%。
インターネットの普及で、情報格差も教育格差も一挙に縮まります。

月で暮らそう

月で暮らせれば、人口爆発も解決。
世界中が協力して月での暮らしを実現しましょう。

メタバースにもう一つの地球を

メタバースだったら生まれた国も関係ない。肌の色も関係ない。
みんなが平等。一地球市民として生きていきましょう。

世界中を同じ通貨に

ドルがあるから、円があるから同じ経済圏にならない。
ユーロができたのだから、世界中を同じ通貨にできるはず。

ミュージックオリンピックを開催しよう

スポーツと共に、音楽は世界のみんなが楽しめるもの。
世界中の音楽が集まれば、みんながハッピーに。

世界共通のSDGsテーマを
どう消化するかを検討しましょう

　改めて右の17の目標をご覧ください。日本の企業として取り組むべき世界共通のテーマを整理することができます。

- 貧困をなくそう
- 飢餓をゼロに
- すべての人に健康と福祉を
- 質の高い教育をみんなに
- ジェンダー平等を実現しよう
- 安全な水とトイレを世界中に
- エネルギーをみんなに そしてクリーンに
- 働きがいも経済成長も
- 産業と技術革新の基盤をつくろう
- 人や国の不平等をなくそう
- 住み続けられるまちづくりを
- つくる責任 つかう責任
- 気候変動に具体的な対策を
- 海の豊かさを守ろう
- 陸の豊かさも守ろう
- 平和と公正をすべての人に
- パートナーシップで目標を達成しよう

やけに多い。そう感じられるかも知れません。**基本はすべて同じです。「地球を思いやろう、人を思いやろう」。その基本に沿って成立したのがSDGsです。地球のことを考えよう、環境の保護を考えよう、エネルギーを大切にしよう、モノは大切に、エシカルを常に考えよう、人を思いやろう、それを念頭に毎日を過ごし、会社の経営を行えば良いのです。**すべての項目に応えることは不可能です。上記の項目の中で、自社でできるチェックリストを作成し、現在の状況を把握し、具体的な目標を定めましょう。

17の目標と関連する 日本企業にとってのキーワード

1 貧困をなくそう	貧困をなくそう	相対的貧困　**1.9ドル生活**　ひとり親
2 飢餓をゼロに	飢餓をゼロに	**栄養失調**　フードロス　**こども食堂**
3 すべての人に健康と福祉を	すべての人に健康と福祉を	長生き　**福祉**　高齢者施設
4 質の高い教育をみんなに	質の高い教育をみんなに	**生涯学習**　引きこもり　**おじいちゃん先生**
5 ジェンダー平等を実現しよう	ジェンダー平等を実現しよう	自分らしさ　**LGBTQ**　女性管理職
6 安全な水とトイレを世界中に	安全な水とトイレを世界中に	**0.01%の大切な水**　節水生活
7 エネルギーをみんなにそしてクリーンに	エネルギーをみんなにそしてクリーンに	**節電**　再生可能エネルギー　**EV**
8 働きがいも経済成長も	働きがいも経済成長も	ディーセントワーク　**働き方改革**
9 産業と技術革新の基盤をつくろう	産業と技術革新の基盤をつくろう	**DX**　〇〇テック　**理科ばなれ**
10 人や国の不平等をなくそう	人や国の不平等をなくそう	所得格差　**非正規雇用**　高齢者雇用
11 住み続けられるまちづくりを	住み続けられるまちづくりを	**地域イベント**　地域ボランティア
12 つくる責任 つかう責任	つくる責任 つかう責任	フェアトレード　**エシカル経営**　賞味期限
13 気候変動に具体的な対策を	気候変動に具体的な対策を	**脱炭素**　熱中症対策　**集中豪雨**
14 海の豊かさを守ろう	海の豊かさを守ろう	ペットボトル　**海岸でのゴミ拾い**
15 陸の豊かさも守ろう	陸の豊かさも守ろう	**フェアウッド**　ゴミ分別と削減
16 平和と公正をすべての人に	平和と公正をすべての人に	フェアトレード　**エシカル調達**
17 パートナーシップで目標を達成しよう	パートナーシップで目標を達成しよう	**パートナー**　つながり　**産官学連携**

※ディーセントワークとは、働きがいのある人間らしい仕事

自社の業務・業界における
SDGsプロジェクトを考えましょう

　世界共通テーマに沿って企業が実施すべきプロジェクトは、言わば日本企業のすべてに共通するものです。

　もう一つ考えなくてはいけないのが、自社が存在する業界並びに自社が行っている業務に沿ったSDGsです。

　金融機関の場合、生産という業務は基本的に行っていません。しかし取引先は多岐にわたり、あらゆる業界に及びます。そして日常的に取引先を訪問し、様々な相談を受け、よろず相談役的な役割も果たしており、**金融機関の方のメインとなるSDGs関連業務は、「取引先のSDGsに関する相談に応えること」**になります。

　また金融機関は、融資にあたっても、その取引先に対してESG経営並びにSDGsの実践を求めており、金融機関自体がSDGsの最先端を追い続けなければいけません。従って、**金融機関本部のミッションとして、「SDGsに関する最先端情報の収集とネットワークの構築、及びSDGs融資商品の策定」**が求められているのです。

　私は、2つの都市銀行の方とおつき合いしています。先日、その1つの銀行の方から、GHG（温室効果ガス）算出と可視化に関する案内を頂いたのですが、その2日後、もう1つの銀行の方から、CO_2排出量算定・削減の案内を頂いたのです。タイトルは違いますが、似たり寄ったり。しかも最初の銀行は、自社でサービスを提供するのではなく、専門会社を紹介するというシステムなのです。なぜこのような提案をしておられるのですか、と聞いたところ、「多くの会社様からCO_2削減や脱炭素についてご相談を受けるのですが、あやふやなお答えをするよりも専門のスペシャリストをご紹介したほうが良いと考えましたので」という回答が返って来たのです。そのスペシャリストは都市銀行だけでなく、地方銀行とも提携しており、どうやら銀行に営業してもらっているようです。うまく考えたものです。

地方都市における
業界ごとのSDGsプロジェクトを考察してみました

金融機関	● SDGsに関する情報収集・情報発信 ● SDGs関連融資商品の開発 ● SDGsビジネスマッチング
農協	● 農家になりたい方の地元誘致 ● アグリテックの情報収集と農家への指導 ● 農業体験会などの農業界全体のバックアップ
建設会社	● ZEH、太陽光発電などの採用 ● 建築全体のサプライチェーンマネジメント ● 引き渡し、入居後のフォロー
商店街	● 地元生産品の支援・販売 ● 商店街としてのSDGs宣言 ● 商店街全体でのフードロス削減
タクシー会社	● EV対応、再生エネルギーの利用 ● 高齢者・障がい者の移動支援 ● 地域の訴求ポイントの発見・発信
予備校 専門学校	● 教育・指導レベルのUP ● 地元文化・地元伝統技術の継承 ● 地域活性化のまとめ役、発信役

SDGs視点で社員の評価、
休暇制度・人事制度を見直しましょう

　SDGsの目標8は「働きがいも経済成長も」です（※50ページを参照してください）。経営者の立場から考えると、**「社員の健康を最優先し、働きがいのある職場環境をつくる」**ということに他なりません。年次有給休暇の付与日数は法律で定められており。勤続6年半以上の方には20日を付与しなければなりません。2019年に働き方改革関連法で年5日の年次有給休暇の確実な取得が義務化されましたが、厚労省の調査によると、2019年の年次有給休暇の取得率は56.3%。まだまだという状況です。

　昭和の頃、「24時間働けますか」が流行語になりました。確かにあの頃は、「何が何でも働け、そして会社を儲けさせろ、働いた分は給料にして返してやる」という上から目線が、日本中にまかり通っていました。今は違うはずなのに、**いまだに日本の会社は休暇が取りづらい雰囲気が存在しています。**特に、地方の中小企業には、その傾向が強いとも言われています。なぜ、取りづらいのでしょうか。「他の社員に迷惑がかかる」「自分だけ休むのは申し訳ない」という、日本人特有の感覚もありますが、**「何となく取りづらい雰囲気」というのが最大の理由**と言われています。

　機械系の中堅メーカーからITベンチャーに転職した友人から聞いたのですが、全く働き方が違うとのこと。後者はほとんどがテレワークで、働きたい時に働くという感じで、休暇という感覚さえないそうです。ここまで自由にするのは、ほとんどの企業が無理だと思いますが、休暇が自由に取得できる雰囲気をつくり、働き方改革を推進することは、経営陣が決断すればできます。そうしたいとは思うが、売上に影響しないか、不安をお持ちではないですか。心配しないでください。コロナの影響も多大にありますが、多くの会社、働き方が大きく変わりました。

　休暇も自由に取れるし、在宅も時間休もスマホに入力し、上司が承認すればそれで終わり。そんな会社のほうが、社員のモチベーションも上がり、売上や利益も伸びる傾向にあります。

ユニークな休暇制度や人事制度を
導入するのも効果的です。

失恋休暇 プロポーズ休暇	どちらも、若手社員の発想から生まれた休暇だそうです。プロポーズ休暇がバレた翌日は大変なことになるらしいのですが。
誕生日や 結婚記念日などの 記念日休暇	バースデーパーティーもゆっくりでき、日帰り温泉に行くなど、家族にも喜ばれる休暇制度です。
ドリーム休暇	「ニューヨーク日帰り休暇を頂きます」など、嘘だろうと明らかにわかる面白い休暇です。社員に発表し、大ウケしたらOKです。
ずる休み休暇	二日酔いになった。寝坊した。それを正直に上司に報告し、休暇にしてもらうという制度。それを許す会社は最高だと思います。
プロ野球のような 年俸制度	自分はこれだけの結果を残すと宣言し、チェックシートをつくって、その結果の達成度によって上司と面談し、年俸を決めます。
SDGs委員長制度	社内のSDGsを推進する責任者を募集し、立候補してもらう制度。社員の投票で決定し、特別手当を支給する。さらに社内美化委員長や節電委員長といった役職の設定も想定されます。

実施するプロジェクトのゴールと
スケジュールを設定しましょう

SDGsを推進するためには、それなりの覚悟が必要です。それだけは申し上げておきます。最初に決めなければいけないのは、推進責任者ですが、その方はできればSDGs専任にしてください。もし、社員の数が限られていて専任にできないのでしたら、午前は今までの業務、午後はSDGsというふうに、明確に決めてあげてください。

もう一つ重要なのは、SDGsチームのリーダーには、一定の能力が必要だということです。思考能力、文章力、そして社員をまとめあげる能力です。これだけの能力を持った方ですから、現在でもそれなりの役職についていらっしゃると思います。そんな方を、結果が出るかどうかわからないSDGs専任にするわけですから、英断が必要です。もちろん社長がSDGs推進責任者を兼ねても問題ありません。しかし、今までやってきた社長の業務も疎かにすることはできません。社長をやりながら、SDGs推進責任者を兼任されるわけですし、SDGsを学ばなければなりません。眠る間もない日々が続くでしょう。その覚悟が必要です。

次に行うのが、**SDGsチームのリーダーに納得してもらうことです。その方が納得し、やる気になってもらえないとしたら、その時点で、あなたの会社のSDGsプロジェクトは終わりです。**

経営陣とそのSDGsチームのリーダーで、チームのメンバーを決めてください。立候補させても結構です。社員数にもよりますが、2〜3名は必要です。メンバーは専任でなくても構いません。

右ページに、プロジェクトの進行手順を列記しました。参考例とお考え頂き、皆で検討してください。プロジェクトを決める際、そのプロジェクトの内容だけでなく、目的とゴールを明確にしてください。初年度のゴールと、最終的なゴール。どちらも必要です。ポータルサイトがない場合は、メールで配信してください。

社内SDGsプロジェクト進行手順例

01 SDGsプロジェクトの責任者とメンバーを決める

02 会社として取り組むべき課題と内容をメンバーと協議

03 プロジェクトスタートを宣言、ポータルサイトにコーナー設置

04 自社ですでに実施してきたSDGsを洗い出し、社内に更新

05 社内のSDGsプロジェクトを決めて社内に発信

06 SDGs基礎資料をポータルサイトにアップ、順次更新

07 社員向けの勉強会とグループワークを実施

08 個々に取り組むMY SDGsを社員がポータルにアップ

09 自社のSDGs宣言とパーパスを社内外に発信

10 ユニークなSDGsアイデアを社員から募集

11 SDGsトートバッグなどのオリジナルグッズの作成・配付

12 社内向けのSDGsニュースを定期的に配信

13 ユニークなSDGsアイデアの優秀作を選考、実施案を作成

14 社内のアンケートやSDGs理解度テストを実施

15 初年度の振り返りを行い、次年度実施案を策定

これは、あくまで手順の見本です。社員の皆さんと考えて、
あなたの会社に相応しいスケジュールを設定してください。

具体的なKPI（重要業績評価指標）を設定しましょう

　KPIという言葉は、ビジネス界では一般化しつつありますが、初めて聞くという方も多いと思います。**KPIは「Key Performance Indicator」を略したものであり、「重要業績評価指標」と訳されています。**すなわち何かのプロジェクトや目標を設定する際に、その手順や数値を明らかにするための指標ということです。一方、最終的に目指す具体的な目標KGI（Key Goal Indicator）は、「最終目標達成指標」と訳されています。

　KPIを設定するためには、以下の手順を踏む必要があります。

① 最終目標（ゴール）を具体的に設定する。
② 現状を見据えた場合、その最終目標には現実味があるのか、また現状とのギャップはどれだけあるのかを見極める。
③ その最終目標を達成するために必要なプロセスを可能な限り具体的に組み立てる。（客数、客単価、来店頻度などを設定する）
④ 組み立てた業務プロセスの絞り込みを行うと共に、優先順位を決め、何をどのスケジュールで実行するのかを決める。
⑤ 決定した業務プロセスを実行するにあたって、状況を可視化するためのKPI（重要業績評価指標）を決定する。

　KPIを設定した後、社員及び取引先といった関係者との合意を得て、実際の運用を行い、継続的に進捗状況を数値化し、逐次改善を行ってください。KPIの設定次第で実現までのプロセスと社員の士気が大きく変わってきます。例えば、現在の売上が3億円の会社が、1年後の売上10%UPを目標に設定します。最終的な目標を達成するために、月の売上をさらに細分化して、週単位、あるいは1日単位の売上までKPIとして設定してしまうと、非常に窮屈な業務内容になってしまい、大きなチャレンジを否定することにつながり、社員の士気も下がります。

ローソンのSDGsのKPI

環境ビジョン「2050年目標（KPI）」
Lawson Blue Challenge 2050
〜 "青い地球"を維持するために！〜

● CO₂排出量削減
1店舗当たりCO₂排出量
（2013年対比）

⇨ **100%削減**

● 食品ロス削減（2018年対比）

● プラスチック削減
（容器包装プラスチック）
オリジナル商品環境配慮型素材

⇨ **100%使用**

2030年目標（KPI）

● CO₂排出量削減　1店舗当たりCO₂排出量（2013年対比）

● 食品ロス削減（2018年対比）　➡**50%削減**

● プラスチック削減
・容器包装プラスチック（2017年対比）　➡**30%削減**

・オリジナル商品環境配慮型素材　➡**50%使用**

・プラスチック製レジ袋　➡**100%削減**

〈出典：株式会社ローソンのホームページより作成〉

初年度及び2030年までの
スケジュールを設定しましょう

　これまでのSTEPをもとに、初年度のスケジュールを右ページにまとめました。経験で申し上げると、**経営陣がSDGsを始めようと起案して、実際のプロジェクトがスタートするまでに、最低でも半年近くはかかります**。なぜ、そんなにかかるのだと思われるかも知れませんが、簡単に申し上げると、中途半端なものにして頂きたくないからです。SDGsをきちんと学んだ上で、チーム内でのコンセンサスを取って、一定の資料を作成し、社長の了解を得るといった手順が、想定していた以上に時間がかかってしまうのです。

　ここまで勉強すれば良いだろう、課題も目的もこんなものだろうと決めつけず、チーム全員が納得するまで話し合ってください。それでプロジェクトのスタートが当初の思惑より、かなり遅れたとしても良いのです。

　ただし社員の皆さんに、いつからSDGsプロジェクトをスタートすると公言している場合、なぜ遅れているのか、今後どう進めるのかを、きちんと説明してください。何だ、時間ばかりかかって、やっぱりやらないのではないかと、社員に思われたとしたら、経営陣もSDGsチームのリーダーも、社内の信用が失墜してしまいます。ですから、中間発表という項目を入れています。

　プロジェクトのスタートと、経理上の年度のスタートを合わせたい、そう考える方も多いと思われます。経理年度が4月〜3月でしたら、前年の10月頃から準備を始めてください。

　もう一つの方法は、年度初めに「本年度から、我が社もSDGsをスタートする」と宣言して、実際のプロジェクトは10月から始めるというやり方です。この場合は、その年度の10月〜3月をプレスタート期間とし、翌年度4月からがSDGsプロジェクト初年度となります。

開始6カ月前〜初年度スケジュールの見本

	全社員に	推進チーム	社内外に向けて
始めると決めてから6カ月目まで		リーダー・チームの結成	
		チーム内の基本学習	
	キックオフ宣言	現状の洗い出し課題の抽出	
	社内勉強会グループワーク	プロジェクトの目的を決定	
		パーパスの策定	
	進捗状況の中間発表	取り組み内容とゴールの策定	パーパス宣言
		スケジュールと優先順位の策定	
初年度 SDGs プロジェクトの決定			
7カ月目から初年度終了まで	ムーンショット計画の募集	プロジェクトスタート宣言	SDGs 宣言
		ムーンショット計画の策定	社内外へのアウトプット
	プロジェクトの実行・推進		
	進捗状況の確認社内アンケート		
		改善点の検討次年度計画策定	

国連で決めている「国際デー」 こんなにあります①

1	1月4日	世界点字デー	24	3月22日	世界水の日
2	1月24日	教育の国際デー	25	3月23日	世界気象の日 [WMO]
3	1月27日	ホロコースト犠牲者を想起する国際デー	26	3月24日	世界結核デー [WHO]
4	2月2日	世界湿地の日	27	3月24日	著しい人権侵害に関する真実に対する権利と犠牲者の尊厳のための国際人権デー
5	2月4日	国際友愛デー	28	3月25日	奴隷及び大西洋間奴隷貿易犠牲者追悼国際デー
6	2月6日	女性器切除の根絶のための国際デー	29	3月25日	拘留中または行方不明のスタッフと連帯する国際デー
7	2月10日	世界豆デー	30	4月2日	世界自閉症啓発デー
8	2月11日	科学における女性と女児の国際デー	31	4月4日	地雷に関する啓発および地雷除去支援のための国際デー
9	2月13日	世界ラジオ・デー [UNESCO]	32	4月5日	良心の国際デー
10	2月20日	世界社会正義の日	33	4月6日	開発と平和のためのスポーツの国際デー
11	2月21日	国際母語デー [UNESCO]	34	4月7日	(1994年の)ルワンダにおけるジェノサイドを考える国際デー
12	3月1日	エイズ差別ゼロの日 [UNAIDS]	35	4月7日	世界保健デー [WHO]
13	3月3日	世界野生生物の日	36	4月12日	国際有人宇宙飛行デー
14	3月8日	国際女性デー	37	4月14日	シャーガス病の世界デー
15	3月10日	女性裁判官の国際デー	38	4月20日	中国語デー
16	3月15日	イスラム恐怖症と闘う国際デー	39	4月21日	創造性とイノベーションの世界デー
17	3月20日	国際幸福デー	40	4月22日	国際マザーアース・デー
18	3月20日	フランス語デー	41	4月23日	世界図書・著作権デー
19	3月21日	国際人種差別撤廃デー	42	4月23日	英語デー
20	3月21日	世界詩デー [UNESCO]	43	4月23日	スペイン語デー
21	3月21日	国際ノウルーズ・デー	44	4月24日	マルチラテラリズムと平和のための外交の国際デー
22	3月21日	世界ダウン症の日	45	4月25日	国際外交使節デー
23	3月21日	国際森林デー	46	4月25日	世界マラリア・デー [WHO]

〈出典：国際連合広報センター　国際デー〉

社内で〇〇SDGsデーを決める際の参考にしてください。

47	4月26日	国際チョルノービリ災害想起デー	70	5月31日	世界禁煙デー [WHO]
48	4月26日	世界知的財産の日 [WIPO]	71	6月1日	国際親の日
49	4月28日	女児とICTの国際デー [ITU]	72	6月3日	世界自転車デー
50	4月28日	職場での安全と健康のための世界デー	73	6月4日	侵略による罪のない幼児犠牲者の国際デー
51	4月30日	国際ジャズ・デー	74	6月5日	世界環境デー
52	5月2日	世界まぐろデー	75	6月5日	違法・無報告・無規制に行われる漁業との闘いのための国際デー
53	5月3日	世界報道自由デー	76	6月6日	ロシア語デー
54	5月5日	ポルトガル語デー [UNESCO]	77	6月7日	世界食の安全デー
55	5月8日	第2次世界大戦で命を失った人たちのための追悼と和解のためのとき	78	6月8日	世界海洋デー
56	5月10日	アルガンノキの国際デー	79	6月12日	児童労働に反対する世界デー
57	5月12日	植物の健康の国際デー	80	6月13日	国際アルビニズム（白皮症）啓発デー
58	5月14日	世界渡り鳥デー	81	6月14日	世界献血デー [WHO]
59	5月15日	国際家族デー	82	6月15日	世界高齢者虐待啓発デー
60	5月16日	平和に共存する国際デー	83	6月16日	家族送金の国際デー
61	5月16日	光の国際デー [UNESCO]	84	6月17日	砂漠化および干ばつと闘う国際デー
62	5月16日	ヴェサク、満月の日	85	6月18日	ヘイトスピーチと闘う国際デー
63	5月17日	世界電気通信情報社会デー [ITU]	86	6月18日	持続可能な食文化の日
64	5月20日	世界ミツバチの日	87	6月19日	紛争下の性的暴力根絶のための国際デー
65	5月21日	国際お茶の日	88	6月20日	世界難民の日
66	5月21日	対話と発展のための世界文化多様性デー	89	6月21日	ヨガの国際デー
67	5月22日	国際生物多様性の日	90	6月21日	夏至冬至の国際デー
68	5月23日	産科瘻孔をなくすための国際デー	91	6月23日	国連パブリック・サービス・デー
69	5月29日	国連平和維持要員の国際デー	92	6月23日	国際寡婦の日

93	6月25日	船員デー [IMO]
94	6月26日	国際薬物乱用・不法取引防止デー
95	6月26日	拷問の犠牲者を支援する国際デー
96	6月27日	零細・中小企業デー
97	6月29日	熱帯地域の国際デー
98	6月30日	国際小惑星デー
99	6月30日	議会制度の国際デー
100	7月3日	協同組合の国際デー
101	7月11日	世界人口デー
102	7月15日	世界ユース技能デー
103	7月18日	ネルソン・マンデラ国際デー
104	7月20日	月の国際デー
105	7月20日	世界チェス・デー
106	7月25日	世界溺水防止デー
107	7月28日	世界肝炎デー [WHO]
108	7月30日	国際フレンドシップ・デー
109	7月30日	人身取引反対世界デー
110	8月9日	世界の先住民の国際デー
111	8月12日	国際青少年デー
112	8月19日	世界人道デー
113	8月21日	テロ被害者想起と追悼の国際デー
114	8月22日	宗教および信条に基づく暴力行為の犠牲者を記念する国際デー
115	8月23日	奴隷貿易とその廃止を記念する国際デー [UNESCO]

116	8月29日	核実験に反対する国際デー
117	8月30日	強制失踪の被害者のための国際デー
118	8月31日	アフリカ系の人々の国際デー
119	9月5日	国際チャリティー・デー
120	9月7日	青空のためのきれいな空気の国際デー
121	9月8日	国際識字デー [UNESCO]
122	9月9日	教育を攻撃から守るための国際デー
123	9月12日	国連南南協力デー
124	9月15日	国際民主主義デー
125	9月16日	オゾン層保護のための国際デー
126	9月17日	患者の安全のための世界デー [WHO]
127	9月18日	平等な賃金の国際デー
128	9月21日	国際平和デー
129	9月23日	手話言語の国際デー
130	9月26日	核兵器の全面的廃絶のための国際デー
131	9月27日	世界観光デー
132	9月28日	情報へのユニバーサル・アクセスのための国際デー
133	9月29日	食料のロスと廃棄に関する啓発の国際デー
134	9月30日	世界海事デー [IMO]
135	9月30日	国際翻訳デー
136	10月1日	国際高齢者デー
137	10月2日	世界統計デー
138	10月2日	国際非暴力デー

社内で〇〇SDGsデーを決める際の参考にしてください。

139	10月4日	世界ハビタット・デー		162	11月20日	アフリカ工業化の日
140	10月5日	世界教師デー [UNESCO]		163	11月20日	世界子どもの日
141	10月7日	世界コットンの日		164	11月21日	交通事故の犠牲者を追悼する世界デー
142	10月8日	世界渡り鳥デー		165	11月21日	世界テレビ・デー
143	10月9日	世界郵便の日		166	11月25日	女性に対する暴力撤廃の国際デー
144	10月10日	世界メンタルヘルス・デー [WHO]		167	11月29日	パレスチナ人民連帯国際デー
145	10月11日	国際ガールズ・デー		168	11月30日	化学兵器による全ての犠牲者を追悼する日
146	10月13日	国際防災の日		169	12月1日	世界エイズ・デー
147	10月15日	農山漁村女性のための国際デー		170	12月2日	奴隷制度廃止国際デー
148	10月16日	世界食料デー [FAO]		171	12月3日	国際障害者デー
149	10月17日	貧困撲滅のための国際デー		172	12月4日	銀行の国際デー
150	10月24日	国連デー		173	12月5日	経済・社会開発のための国際ボランティア・デー
151	10月24日	世界開発情報の日		174	12月5日	世界土壌デー
152	10月27日	世界視聴覚遺産デー [UNESCO]		175	12月7日	国際民間航空デー
153	10月31日	世界都市デー		176	12月9日	ジェノサイド犠牲者の尊厳を想起しその犯罪防止を考える国際デー
154	11月2日	ジャーナリストへの犯罪不処罰をなくす国際デー		177	12月9日	国際腐敗防止デー
155	11月5日	世界津波の日		178	12月10日	人権デー
156	11月6日	戦争と武力紛争による環境搾取防止のための国際デー		179	12月11日	国際山岳デー
157	11月10日	平和と開発のための世界科学デー		180	12月12日	国際中立デー
158	11月14日	世界糖尿病デー		181	12月12日	ユニバーサル・ヘルス・カバレッジ国際デー
159	11月16日	国際寛容デー [UNESCO]		182	12月18日	国際移住者デー
160	11月18日	世界哲学デー [UNESCO]		183	12月18日	アラビア語デー
161	11月19日	世界トイレ・デー		184	12月20日	人間の連帯国際デー
				185	12月27日	国際疫病対策の日

プロジェクトとゴールを
すべて明文化し、発表してください

　「我が社の事業を通して、持続可能な社会の実現に向けて最大限努力して参ります。働き方改革を推進し、働きやすい職場をつくり、従業員の幸福の実現に寄与します」。もし、これがあなたの会社のSDGs宣言だとしたら、従業員の皆さんはどう思うでしょう。言っていることはわかるけど、具体的なSDGsプロジェクトは何を行うの。きっとそう思うのに間違いありません。

　「我が社は、地元の方の荷物を運ぶために、たった1台のトラックから始まった輸送会社です。今では200台のトラックを有し、全国へ配送しています。SDGsの実現のために、ゴミの削減、再生エネルギーの推進、地域貢献の3点を柱とし、取り組んで参ります」。この方が、社員としても経営姿勢を理解し、具体的な取り組みを立案できるのではないでしょうか。

　パーパス宣言、SDGs宣言、SDGsプロジェクトとそのゴール。そのいずれも、一貫したわかりやすい文章で、あなたの思いが伝わるように仕上げてください。パーパスは会社の志であり、そのパーパスに基づいて、SDGsへの取り組みを宣言し、そのSDGs宣言に基づいて具体的なSDGsプロジェクトとそのゴールを社内外に発信するのです。**文章は大事です。**もしあなたの会社が部品メーカーで、図面はいつも書いているけれど、文章を書ける人間はいないということでしたら、ホームページをお願いしている会社に相談してみてください。ホームページをおつくりになっていないのでしたら、金融機関や町内会長に相談してみてください。

　たった1行の文章に感動したことは、誰しもあるはずです。パーパス宣言は、あなたの会社がずっと心に忍ばせてきた志です。会社の想いを世に発信できる格好の機会です。たった1行の文章で誰かを感動させてみませんか。

心に響く、カンロ株式会社のメッセージをご紹介します。

私たちカンロのパーパスは、
"Sweeten the Future"
心がひとつぶ、大きくなる。

私たちがつくる「ひとつぶ」は、
口の中で溶けて消えてしまうもの。
けれどそれを口に入れている間、
人はホッとしたり、キュンとしたり、
誰かを許せたり、ときには鼻歌が生まれたり、
心が少し大きくなっている。

糖の力を引き出すことに挑み続けてきた私たちは、
その中で培った技術をさらに進化させることで、
「心がひとつぶ大きくなる」瞬間を積み重ねて
人と社会の持続可能な未来に貢献します。

クレド（行動指針）として
以下の3点を挙げています。

● 創意工夫
変化を恐れず、自ら考え、
新たな価値をつくり続ける
● 信義誠実
誠実な言動を通じて、
すべてのステークホルダーからの信頼に応える
● 百万一心
多様性や専門性を受け入れ活かし合い、
パーパスに向かって社員、会社ともに成長する

カンロは、食品廃棄物量、食品リサイクル率、女性管理職比率、男性社員育休取得率などのESGデータもすべて公開しており、一貫したパーパス経営の方針が伝わってきます。

食べられるキャンディース
トローを開発中

〈出典：カンロ株式会社のホームページより作成〉

計画や進捗状況を相談できる
パートナーをつくりましょう

　SDGsチームのリーダーが、最初に直面するのがこの問題です。誰に相談して進めれば良いのだろう。私の場合、大学時代の友人が、SDGs関連の業務をやっていたので、彼に聞いたら、「まず本を読み、インターネットで調べろ。SDGsの進め方は業種や業態によって違うから、あとは自分で考えろ」というつれない返事。コンサルタントにも相談しましたが、莫大なコストがかかるということがわかっただけでした。

　中小企業の経営陣の皆さんも同じだと思います。中小企業を対象にした司法書士・税理士の方はたくさんいらっしゃいますが、彼らに聞いても、思ったような返事は返って来ません。**SDGsについて、きちんと相談に乗って頂ける方が周りにいるということはほとんどないと言って良いでしょう。**

　SDGsコンサルタントを名乗っておられる会社の平均コストは、会社にもよりますが、月2回のレポート提出と月2〜3回の面談で、100万円／月が目安になっています。つまり、1年間コンサルタントになって頂くために、1200万円かかってしまうのです。あなたの会社の社員の何人分の給与にあたりますか。名が通った大手コンサルタントは、この倍、いやそれ以上かも知れません。コストに見合う結果が得られるかはあなた次第です。

　だったら、どうすれば良いのだ。ごもっともです。**中小企業の皆さんの業種・業態・規模に沿って親身になって考えてくれるSDGsのスペシャリストは、日本にはまだまだ少ないというのが現状です。**冒頭にも書きましたが、だから私はこの本を書こうと思ったのです。今後、セミナーなども開催する予定ですが、もし私に直接会って話を聞きたい、もしくはオンラインで話したいという方がいらっしゃいましたら、著者宛までお問い合わせください。

中小機構はSDGsの支援も行っています。

中小機構（中小企業基盤整備機構）は、国の中小企業政策の中核的な実施機関として、起業・創業期から成長期、成熟期に至るまで、企業の成長ステージに合わせた幅広い支援メニューを提供しています。地域の自治体や支援機関、国内外の他の政府系機関と連携しながら中小企業の成長をサポートしています。このガイドブックでは、課題ごとの実践チャートや、中小企業のSDGs事例など、細かいところまで書かれています。

中小企業SDGs応援宣言

中小機構は、中小企業・小規模事業者に対する多様な支援政策を全般にわたって実施する国の機関として、SDGsの考えを尊重し、中小企業・小規模事業者のSDGsへの理解促進と趣旨に沿った事業活動への支援を通じてSDGsの達成に貢献してまいります。

1. **中小企業・小規模事業者へのSDGsの普及・啓発に取り組みます。** 中小機構は、SDGsが今後の事業環境や発展の方向性を示すものとして有益であり、事業の持続性を高めることに資するものであることを中小企業・小規模事業者に積極的に伝えてまいります。

2. **SDGsの考えに沿った中小企業・小規模事業者の活動を支援します。** 中小機構は、実施する事業を通じて、SDGsの考え方に沿って事業の推進、改革に取り組む中小企業・小規模事業者を支援します。

3. **中小機構自らもSDGsの考え方に沿った組織運営を行います。** 中小機構は、SDGsの考え方を尊重し、自らの組織運営においても持続可能性の向上や職場環境の改善に取り組みます。

〈出典：独立行政法人 中小企業基盤整備機構〉
※太字と青い下線は筆者がつけました

定期的に進捗状況を確認し
改定・改良も行ってください

　プロジェクトをスタートしても、一度立ち止まる時間を設けてください。順調に進んでいると言えるか、右記のような問題点は発生していないかを確認しましょう。**初めてやることです。問題なく順調に進むこと自体が問題なのです。**すべてが、順調に進んでいるとしたら、目標やゴールの数値の設定があまかったのか、それとも経営陣やチームのメンバーが、これで良いのだというふうに、妥協してしまっているということです。

　SDGsプロジェクトは、あなたの会社の未来を構築するために推進します。何の苦労もなく目標をクリアしたとしたら、それは設定の仕方自体が間違っているということです。

　マーケティング用語に「PDCAサイクル」というワードがあります。 PDCAサイクルとは、Plan（計画）・Do（実行）・Check（評価）・Action（改善）を繰り返すことによって、生産管理や品質管理などの業務を継続的に改善し、より高みを目指す手法のことです。SDGsは2030年まで続きます。おそらく、その後も次のSDGsが採択されるでしょう。少なくとも、スタートしたSDGsプロジェクトは、2030年までPDCAを積み重ねてください。

　日本の企業にありがちなのですが、プロジェクトの内容や目標を決めるまでは、推進メンバーは何度も集まり討議を重ねます。ところが、内容や目標が決まって社内に発信した後は、ほとんど集まらなくなってしまうケースが見られます。**プロジェクトを決めることが自分たちのミッションであると勘違いしてしまっているのです。ぜひ、プロジェクトがスタートした後も、最低でも月に1回、できれば2回集まって、社内の進捗状況を掌握し、課題点を見出してください。**

　SDGsのどこ（どの目標）に注目し、どこを強みに育てていくのかという共通意識をさらに強固なものとし、PDCAサイクルを回していけば、間違いなく会社の未来は開けます。

スタートから半年が経過して課題が露見した場合の対応策の例

社員の意識に格差がある

- 中間報告会を行い、進捗状況と目的を丁寧に伝える
- 改めて勉強会やグループワークを開催する
- 意識が低い社員は、推進メンバーとじっくり話をさせる

社員のSDGsに対する関心が思ったほど上がらない

- SDGsバッジを配付し、必ず身に着けるよう指示する
- トートバッグなどのオリジナルバッグを作成し、配付する
- 毎月第1水曜日は、わが社のSDGsの日とし、施策を実施

プロジェクトを5つスタートしたが多すぎると感じている

- 思い切って2つのプロジェクトは中止、3つに絞る
- 推進チームで討議し、対策を講じた上で、1年は続ける
- 社内アンケートを実施し、社員の声を聞く

新規事業・新商品の開発が全くできない

- 社内SDGs新規事業・新商品のアイデアコンテストを開催
- コンサルタント、マーケッターといった方に相談する
- 高校生や大学生といった若い世代の声を聞く場をつくる

初年度に設定した目標数値に届かない可能性が高い

- 推進チームと相談し、可能と思われる数値に変更する
- 社長判断で継続し、なぜできなかったかを反省材料とする
- 数値を上げるための手段を社長が先頭に立って考える

社外の方の認知度が低く、メッセージが届いていない

- SDGsハンドブックを作成し、積極的に配付する
- 内容は同じでもユニークな表現に変えて、再発信する
- リリースを作成し、マスコミや専門紙に配信する

会社のSDGsプロジェクトを
社内外にアウトプットしましょう

STEP

07

会社のSDGsプロジェクトを
社内外にアウトプットしましょう

　目的を定めて、立案したSDGsプロジェクトは、あなたの会社の未来を
SDGsという視点で捉えて、どの方向に向かっていくのかを定めたものです。

　**プロジェクトを定めることが目的ではありません。目的を実現し、会
社の未来を切り拓くことが目的です。**

　**そのためにも、定めたSDGsプロジェクトを、まず社内に徹底させま
しょう。社員が常に意識できるような仕掛けを施し、定期的な進捗会
議も開催してください。**

　SDGsプロジェクトや、会社としてのSDGs宣言は、自社のホームページ
にアップしましょう。もしあなたが設定したSDGs宣言やSDGsプロジェクト
が、非常にユニークで社会性も高いものであれば、話題になる可能性も十
分にあります。
　SDGsプロジェクトは、どうアウトプットするかも重要であることを認識し
てください。

STEP7 で目指したいこと

**あなたとチームのメンバーで設定したSDGsプロジェクト
はあなたの会社の大切な宝物です。
その宝物を社内外にきちんとアウトプットしましょう。**

自社がSDGsを推進していることを
常に意識させる仕組みをつくりましょう

社内に定期的にSDGsに関する情報を発信し
SDGsに対する意識や関心度を高めましょう

自社のSDGsプロジェクトを紹介する
ホームページや印刷物を作成し
取引先や社会に発信しましょう

SDGsウォッシュには、細心の注意を払ってください
大事になりかねません

自社のホームページはあるけれども、
それも知人に紹介してもらった業者さんに頼んで
つくってもらったもので、
広報や広告なんてやったことがない。
そういう方も多いと思います。
そんな方も、このSTEPを読んでみてください。
会社の発展や存続のためには、
広報も重要なポイントだと私は考えています。
ただし、SDGsにはウォッシュという落とし穴もあります。
それを説明いたします。

SDGsを常に意識させましょう

　我が社もSDGsを始めるぞ！ そう言っただけでは、社内にSDGsは浸透しません。勉強会はマストですが、**日常的にSDGsを意識させるような施策を講じることを提案いたします。**

　最もわかりやすい手段は、SDGsバッジを社員に配付することです。1個あたり1000円もしませんので、SDGsをスタートする際に、社員に配付する会社も多いようです。IT関係やエネルギー関連の企業で、このバッジを身に着けることを義務付けている会社も増えています。

　右にいくつかの施策を提示しましたが、私がお勧めするのは、エレベーターとSDGsポイントです。

　「エレベーターの利用を14時から15時の間禁止」とすると社員は不満を言ってくるかも知れませんが、電力の削減や健康増進にもつながります。何よりSDGsのためにやっているのだということを、社員が毎日実感してくれます。

　SDGsポイントについては、以下の手順を参考にしてください。

● 「昨日1万歩を達成した」「賞味期限間近のものを購入した」「一日エレベーターを使用しなかった」といった項目を会社の事情に沿って、10項目程度作成。ポイント対象項目は、毎月変更しても良いでしょう。

● 10項目を20日分（出勤日分）入れて、A4の紙に印刷したチェックシートを毎月1日に配付。あるいはメールで配信。

● 社員は出勤した日（テレワークも可）に実行したSDGsポイントにチェックを入れる。

● 社員はチェックシートを月末にSDGsチームメンバーに提出。SDGsチームはそれを集計してSDGsチームリーダーに提出。

● ポイントに応じてSDGs手当を社員に支給。トップ社員は表彰。ポイント10円。満点の場合でも2000円ほどですが、遊び心もあり参加意識は高まるでしょう。

SDGsを意識させるための施策

SDGsスタンプ	MY SDGsを入れた社員各自のスタンプをリアル・電子の両方で作成し、各種申請時には、スタンプの押印を義務付ける。
MY SDGs エプロン もしくはCAP	社員各自のMY SDGsをプリントしたエプロンもしくはCAPを作成し、社内にいる間は、その着用を義務付ける。
SDGs壁紙	社員がつかっているPCの壁紙をMY SDGsに設定する。希望者には携帯の待ち受け用の壁紙もプレゼント。
SDGs クリアファイル	社員全員(もしくは部署ごと)のMY SDGsをプリントした(できれば再生紙の)クリアファイルを作成する。
エレベーター 停止・禁止 時間の設定	自社ビルならば禁止時間を設定し、電源を落とす。テナントビルならば、エレベーター利用者にペナルティを課す。
SDGs ポイントの付与	ランチを残さず食べたら1ポイントというふうに、SDGs行動をポイント化し、申請者に対し、手当をプラスする。
SDGs宣言 フラッグの作成	SDGs宣言をプリントした社旗を作成。社長室だけでなく、会議室といった、全員の目に入る場所に掲出する。

社内へ情報発信を行い
SDGsの意識を高めましょう

　社内には、勉強会とグループワークを行うだけで良いのでしょうか。限られた人数で推進するのですから、毎週勉強会を開催するのは不可能に近いでしょう。だからと言って、SDGsの教本を購入して社員に配付し、各自の自主性に任せても、意識が高まるとは思えません。

**　社員への定期的な情報発信と、SDGsに対する意識を高める施策を講じる必要があります。**

　社員向けのポータルサイトをお持ちの会社であれば、そこに情報を集約させ、定期的にメンテナンスしてメールで呼びかけるというのが一般的ですが、ポータルサイトをお持ちでない会社も多いと思われます。そこで情報発信のために、何が一番有効かと考えた場合、私はLINEをお勧めします。

　「LINE、あんなの若者向けのものだろう、つかったこともないし」そう感じられるかも知れません。しかし**LINEは、利用者があらゆる年代に広がった、一番身近なツール**です。私自身、家族や友人とのやり取りはほとんどLINEですし、参加している企業家の集まりも、グループLINEでメンバー同士の情報交換をやっています。何より、**あなたと社員の距離が一気に縮まります。**利用者は一日に何度も画面を覗いていますから、間違いなく言いたいことが伝わります。ぜひ、試してみてください。

　意識を高める施策を実施する際に、気をつけなければいけないのは、**「やらされている感」を持たせないことです。**「何でこんなことやっているのだろう」と思われるような施策の場合、SDGsに対する距離が芽生えてしまうと共に、会社に対する距離感も醸成することになってしまいます。社員のため、会社のために実施することが、逆効果になってしまったら、元も子もありません。チームや社員の声を聞いた上で実施しましょう。

社内への情報発信と SDGsに対する意識を高めるための施策の例

LINE	推進チーム、部署内、社員全員といったLINEグループを作成し、SDGsに関することは、すべてそこに書き込み、共有する。
インスタグラム SNSの利用	今日、SDGsにこんな良いことしたというメッセージを写真つきでSNSにUP。友人や家族にも話題になる。
社内SDGsデー	毎週水曜日はフードロスゼロの日、毎月第2水曜は地域貢献の日といった設定を行い、社員全員の参加を促す。
オリジナル SDGs新聞の発行	SDGs推進メンバーの1人に、毎月興味が湧くSDGsトピックスで新聞を作成してもらい、社員・取引先に配布する。
SDGsカルタ会の 開催	市販のSDGsカルタを購入、あるいはオリジナルSDGsカルタを作成し、毎月定期的にカルタ会を開催。優勝者を表彰する。
SDGsノート の作成	推進チーム、部署ごと、あるいは全社員で一冊のノートを作成し、そこに今日一日のSDGs行動記録を記入してもらう。
SDGs宣言 社歌の制作	社歌のブームが再来している。専門家にSDGs宣言を入れた社歌の制作を依頼。話題性も高い。電話の待ち受け音にも利用。

STEP 07 03

自社のSDGsプロジェクトを
取引先や社会に発信しましょう

　SDGsは一般化し、日本中のメディアが注目しています。ユニークなSDGs宣言を行い、話題性のある目標を設定すればマスコミに取り上げられ、あなたの会社の知名度が上がるのは確かです。しかし、次項で詳しく説明しますが、SDGsウォッシュを招く危険性もあります。プロジェクトは設定したけれども、実際には手をつけていない、ということになるような実現不可能なことは口にしないでください。今まで築いてきた信用や信頼性が、一瞬にして崩れ去ってしまいます。

　現在の日本は情報社会です。あらゆる情報が発信されています。あなたもそうだと思いますが、情報の取捨選択を常に行いながら日々の時間を過ごしているのです。従って、情報発信は難しい仕事です。時間と手間もかかります。それを無駄にしないためにも、以下の留意点をお読みください。

★5W1Hを明確にする

　5W1Hとは、Who（だれが）、When（いつ）、Where（どこで）、What（なにを）、Why（なぜ）、How（どのように）を指す言葉です。5W1Hが明確になっていない情報は、相手にきちんと伝わりません。

★ターゲットを考える

　一番伝えなくてはいけないのは、社員の家族、取引先、地域、金融機関といった、周りにいる方々です。言い換えれば、あなたの会社をご存知の方です。この方たちには、なぜこれを始めたのか、何を目指しているのかをきちんと伝えなくてはいけません。

　メディアに配信する際に、最も考えなくてはいけないのが「What」です。発信する側からすると、すごい情報であっても、メディアから見たら、取るに足らない情報というケースがほとんどです。取引先には、誠意を持って、きちんとすべての情報を伝えなくてはいけませんが、メディアは別ということです。

自社のSDGsへの取り組みを社会に発信する手段

自社の ホームページ	自社のホームページですから、表現はある程度自由です。ただし、SDGsのロゴマークは営利目的で使用する場合は国連の許可が必要です。気をつけてください。
SNSの利用	今やSNSは、どの年代にとっても、日常的に利用し、情報を取得する手段になりました。ただし、悪い方向にバズる危険性もあります。一定のルールが必要です。
メディアとの 関係構築	すでに書きましたが、メディアサイドも常に情報を求めています。時間はかかりますが、業界メディアや地元メディアとの関係を構築しておくことをご提案いたします。
自治体や 公的機関との連携	多くの自治体や中小機構などの公的機関が、企業のSDGs活動を支援しています。 ネットワークもできますし、情報の発信も可能です。
金融機関との連携	金融機関も、積極的に企業のSDGs活動を支援し、様々な活動を行っています。なかには、SDGs宣言作成のお手伝いをして頂ける金融機関もあります。
話題になる 取り組みやイベント	社員と家族によるボランティア活動といった話題性のあるイベントは、事前にメディアに情報を流しておくことにより、取材を受ける可能性が高まります。

SDGsウォッシュには
細心の注意を払ってください

　SDGsウォッシュとは、国連が定めたSDGsのゴールや目標に向けて取り組んでいるように見えて、実態が伴っていないことを揶揄する言葉です。実際はそうでないにもかかわらず、広告などで環境に良いように思いこませる「グリーンウォッシュ」が元になっています。

　自社のSDGsプロジェクトを目立たせたい、自社の認知度を上げたいと思うばかり、自社におけるSDGsの施策やゴールの、ポジティブ面だけを捉えて発信すべきではありません。**マイナス面も考慮し、開示しておかないと、「ウォッシュ企業」というレッテルを貼られるリスクが存在します。**なぜSDGsウォッシュが起きてしまうのか、大きく3つの原因が考えられます。

❶SDGsに取り組むこと自体が目的になっている。

　SDGsに取り組んでいることをクローズアップし、自社のイメージアップを図ろうとするばかり、結果が出ていないにもかかわらず、取り組みだけを発信してしまう。

❷本業とは関係のないことを目標に設定している。

　SDGsは地に足を着けて、あくまで本業に基づいて推進するものです。本業とは関係ない、上っ面だけを捉えた、言わば地に足が着いていない目標を掲げて発信してしまうと、他者から見ると、こんなことできるわけがないと判断される。

❸経営者及びSDGs推進者の見識不足があった。

　例えば、機械メーカーが再生エネルギーの開発を行うと宣言し風力発電機を開発したが、経験がなかったために、でき上がった製品はその製造・運搬・取りつけのために、以前にも増して多大なるCO_2を排出するものであった。

　企業がSDGsに取り組む本質は、SDGsの実現に貢献するためです。結果的にイメージアップにつながることは構いませんが、それだけを目的にしてはいけません。

SDGsウォッシュの要因

根拠がない 根拠が薄い 情報源が不明	根拠となる情報の信頼性が希薄な場合、あるいは数値の根拠が薄い、もしくは根拠となる検証材料がない情報である場合。
事実よりも 誇張している	客観的にはそれほどでもないSDGsの取り組みを誇張して訴求し、小さな取り組みを大げさに表現している場合。
言葉の意味が はっきりしない 曖昧な表現	言葉の意味が規定しにくく、SDGsへの取り組みや対応が、具体性に欠ける表現になっている場合。
事実と 関係性の低い ビジュアル	SDGsへの配慮の事実がないにもかかわらず、飢餓や小児労働などの写真でSDGsイメージの付与・増幅を狙った場合。

SDGsウォッシュの危険性

信用の失墜 消費者との 信頼関係を失う	SDGsウォッシュが指摘されると、企業だけでなく、商品・サービスすべての信用が失墜します。回復は容易ではありません。
投資家 金融機関からの 信用が失墜する	SDGsウォッシュが表沙汰になると、投資家や取引銀行からの信用が失墜し、企業の経営自体に大きな影響を与えます。

2045 年に向け、SDGs 視点で
ムーンショット計画を
立案しましょう

STEP
08

STEP 08　2045年に向け、SDGs視点で
ムーンショット計画を立案しましょう

　ムーンショットとは非常に困難なことですが、達成できれば大きなインパクトがあり、イノベーションをもたらす壮大な計画や挑戦、のことを指しています。

　本来は、月に向かってロケットを打ち上げることを指していました。第35代アメリカ大統領だった故ケネディ氏がアポロ計画を発表し、人類を月面着陸させるという前代未聞の挑戦にトライしたことから、「困難は伴うが野心的で夢のある計画」がムーンショットと呼ばれるようになったのです。そして、その夢はアームストロングによって、1969年に現実のものとなり、ムーンショットというワードは「夢を現実にする計画」の象徴となりました。

　日本もムーンショット計画を定めました。国民の幸福を目指すために、社会・環境・経済という3つの領域での課題を解決しよう。失敗を許容しながら「破壊的イノベーションの創出」を実現しよう。そのためにムーンショット計画を定めたのです。困難ではありますが、実現したら社会的に大きなインパクトがあることに、日本全体で挑戦しようと考えたのです。

　残念ながら、2020年に制定したものの、いまだにほとんど知名度はなく、社会にも浸透していません。しかし、私はこの言葉が大好きです。もっと一般化させたい、そう考え、皆さんにも提案いたします。

STEP8 で目指したいこと

ムーンショットは簡単ではないかも知れませんが
SDGsプロジェクトをスタートさせるなら
ここまで目指しましょう。

ムーンショットは会社の未来です。立案することをお勧めします

ムーンショット計画はどうやって立案するのでしょうか

なぜ2045年を提案するのでしょうか

2045年はどういう時代になっているのでしょうか

2045年という視点からバックキャストしましょう

2045年の事業・商品・サービスを組み立ててみましょう

サーキュラーエコノミーについて理解しましょう

サーキュラーエコノミー視点で事業を整理しましょう

サプライチェーンについて理解しましょう

サプライチェーン視点で自社の課題を抽出してみましょう

自社のサプライチェーンマネジメントを考えましょう

バリューチェーンについて理解しましょう

バリューチェーン視点で事業を整理しましょう

バリューチェーン視点で未来の事業を創出しましょう

SDGs＋DXという視点で自社の事業を整理しましょう

SDGs＋DXという視点で未来の事業を創出しましょう

さあ、あなたの会社のムーンショット計画を考えましょう

**難しい、聞きなれない言葉が多いと感じられるでしょう。
あなたの会社を発展させ、未来に続けるためにも、
ぜひトライしてみてください。必ず、できます。**

ムーンショットは会社の未来です。
立案することをお勧めします

　右ページの図をご覧ください。内閣府がホームページに掲載している
ムーンショット目標です。SDGsの精神に則っていますし、もっともなことが
書かれているのはわかるのですが、私にはピンと来ませんでした。そして
疑問を持ちました。

● 何でこんなに、AIやロボットを標榜するのだろう
● 仮想社会と現実社会の選択をしなくてはいけないのだろうか
● ロボットとの共存って誰もが可能なのだろうか

　まだまだあるのですが、テクノロジーの進化に寄りすぎという感じがし
てならないのです。もう一つは、2050年、2030年という期限を設けてはい
るのですが、それまでに本当に実現できるのかと思ってしまうのです。夢
を考えるからムーンショットではないかと私は思うのです。

　企業が立案するムーンショット計画は、「どういう目標を設定するか」
それがすべてです。目標の設定にあたって、4つのポイントがあります。

① **社員を奮い立たせるほどの、魅力的で共感できる目標である**
② **壮大で夢のような計画ではあるものの、信憑性があり、**
　　社員にとって実現可能であると思える目標である
③ **今までにない、斬新な視点で考えられた、**
　　創意あふれる目標である
④ **目標を達成する期限は30年後でも50年後でも良いが、**
　　3年～5年という近い未来に、進捗が実感できる目標である

　このポイントだけを見ると、やけに難しそうに感じられるかも知れません
が、あなたの会社のパーパスに基づいて実現したい夢の計画です。ムーン
ショットの立案は、間違いなく、会社が1つになるきっかけになります。

※目標5と目標6の文章は、イラスト内にあるもの
と、目標に書かれたもの、とでは異なります。

上の図は内閣府が掲げている、9つのムーンショット目標です。すべての目標は、「人々の幸福（Human Well-being）」の実現を目指し、掲げられています。将来の社会課題を解決するために、人々の幸福で豊かな暮らしの基盤となる社会・経済・環境の3つの領域から、具体的な9つの目標を決定しています。

「目標5 2050年までに、未利用の生物機能等のフル活用により、地球規模でムリ・ムダのない持続的な食料供給産業を創出。」「目標6 2050年までに、経済・産業・安全保障を飛躍的に発展させる誤り耐性型汎用量子コンピュータを実現。」
などが標榜されています。

〈出典：内閣府のホームページ（ムーンショット型研究開発制度）〉

ムーンショット計画は
どうやって立案するのでしょうか

　政府の「ムーンショット型研究開発制度」ビジョナリー会議委員に提出された資料の中で、「ムーンショットの要諦」として以下の報告がされています。

1. ムーンショットの成否は目標設定にある。
2. 最終目標到達へは長期間かかるが、最初の成果は早めに生み出せる（3−5年以内に事業化）。
　 マイルストーン設定が可能な目標とプロジェクトデザインが重要。
3. 基本は大規模テクノロジー・プロジェクト。
4. プロジェクト・マネージメントが極めて重要。

　概ね私が前項に記した4つのポイントと重なりますが、1つだけ大きく違います。「基本は大規模テクノロジー・プロジェクト」とありますが、私はそうは思いません。この提言があったから、前掲した9つの目標になったのでしょう。**テクノロジーに拘る必要はないというのが私の基本スタンスです。**

　例えば、**札幌にある和菓子屋が「2045年に、うちの和菓子を世界中の人たちに食べてもらう。そのために5年後には、ローマに支店をつくる」**。これを、ムーンショットと呼んではいけないのでしょうか。もう一つ例を挙げると、**長崎の離島にある道の駅が、「2045年に全国1位の売上を誇る道の駅を目指す」**という目標も、100％無理とは思いません。

　そこにしかない名物や名産品を見出し、メディアが注目し、日本中から観光客が集まり、インターネット通販でも成功したら、可能性はあると思います。20年以上も前になりますが、関西のホテルに缶詰めになって、発想法を受講しました。その時に出会ったのが、右ページのオズボーンの9つの視点です。あなたの会社の製品やサービスについて、この視点を参考に、ムーンショットの立案にトライしてみてください。

オズボーンの9つの視点（チェックリスト）です。

☐ 1 　　**転用**　　　Put to other uses

・携帯電話を集めて、オリンピックのメダルに
・使用済みの消防ホースをトートバッグに

☐ 2 　　**応用**　　　Adapt

・新幹線の車内販売システムを、オフィス販売に転用
・コンビニの24時間営業をヒントに時間貸し駐車場を発想

☐ 3 　　**変更**　　　Modify

・丸い鍋を六角形の鍋にしたらどうなるのだろう
・ほんのりと香る帽子をつくってみないか

☐ 4 　　**拡大**　　　Magnify

・パーティー用に直径1メートルのピザをつくらないか
・地球を実感できる6畳大の地図をつくってみよう

☐ 5 　　**縮小**　　　Minify

・10センチにたためる折りたたみ傘があったら良いな
・5センチ四方の弁当箱だったら、ダイエットできるかな

☐ 6 　　**代用**　　　Substitute

・ノンアルコールビールはこれで発想しました
・大豆ミートでも、十分お肉の食感を味わえます

☐ 7 　　**置換**　　　Rearrange

・着古したTシャツを枕カバーとしてつかっています
・卒業証書をバナナペーパーにしたら皆の想い出になりました

☐ 8 　　**逆転**　　　Reverse

・教室で講義をしない反転授業が話題になっています
・おじいちゃん、おばあちゃんだけのファッションショーは面白い

☐ 9 　　**結合**　　　Combine

・出版社が、何千冊もの本があるホテル事業を始めました
・消しゴムつき鉛筆は、この発想から商品化されました

STEP 03 08

なぜ2045年を
提案するのでしょうか

　スマホの出現により、生活は大きく変化し、ビジネスも変革を迫られました。レコード産業は音楽配信産業になり、カメラメーカーとしてのコダックはこの世から消えました。フィンテックは金融業界を根底から変え、銀行自体がリストラを余儀なくされ、システム系人材の大量採用を行っています。今世紀に入ってから、あらゆる業種・業態は変革を余儀なくされ、SDGsの期限である2030年まで、さらにその変革のスピードが増すことは間違いありません。AIとIoTという概念が、私たちの身の回りすべてに変革をもたらし、さらにその変革の速度を上げているのです。

　ITが今のスピードで発達を続けると、地球全人類の知能を超える究極のコンピュータ（仮にＺとします）が誕生し、そのＺがその後自分よりも優秀なＺをつくり上げ、さらにそのＺが次のもっと優秀なＺをつくり上げます。この連鎖が宇宙天文学的な爆発的スピードでテクノロジーを自己進化させ、人間の頭脳レベルでは、もはや予測不可能な未来が訪れるでしょう。

　人類最後の発明は最初のＺの開発であり、ここが技術的特異点（シンギュラリティ）と呼ばれる瞬間点になっています。その最初のＺが完成するのが、2045年であろうと予測されています。

　私はシンギュラリティはきっと訪れる未来だと思っています。

　ビッグデータから、人間では気づかない、発見できない知識をAIが導き出します。習得に何年もかかる匠の技も、データとして継承するでしょう。感情・意識を理解するAIも出現し、人の感情や意識を理解して、適切なアドバイスを行います。またAI自身が、的確に感情を表現するのです。シンギュラリティ後は知能を持った無数のコンピュータが人間の代わりにテクノロジーを進化させる時代が訪れます。

　そのシンギュラリティが訪れるであろう2045年が、世界が変わる転換点とされているのです。

全産業がITの進化により
大きく変わろうとしています。

新しい技術の登場が契機となり、従来とは異なる新たなビジネス・サービス・製品などが普及することをテクノロジードリブンと呼んでいます。技術駆動型、技術主導型といわれていましたが、新たなアイデアや発想が、そこに組み込まれ、全産業に変革をもたらしています。その一例を提示します。

あらゆる産業のテクノロジー　X－Tech	
【金融】FinTech	【医療】MedTech
【教育】EdTech	【健康】HealthTech
【保険】InsurTech	【農業】AgriTech
【流通】Retail Tech	【環境】CleanTech
【ファッション】FashTech	【スポーツ】SportTech
【不動産】ReTech	【音楽】Music Tech
【マーケティング】MarTech	【法律】Legal Tech
【政府・国】GovTech	【女性】FemTech
【子育て】BabyTech	【ペット】Pet Tech
【建築】Con Tech	【物流】LogiTech

この他にも、まだまだあります。
あなたの会社も最新テックがつかえます。

2045年はどういう時代に
なっているのでしょうか

●人口減少と少子高齢化

　日本の人口推計は6年ごとに発表されており、最新のものは、2017年発表数字ですが、2020年と2045年の予測数値を比較すると、恐ろしいデータが記されています。

● 総人口：1億2550万人 ➡ 1億642万人
● 65歳以上人口比率：28.9% ➡ 36.8%

　2045年には、現役世代のたった1.3人で、65歳以上の高齢者1人の医療費や年金、介護を支えると予測されています。しかも**想定より早く少子化が進んでおり**、2045年には、世界でも群を抜いた「少子高齢国家」になるのです。現役世代の減少により、どの企業も人手不足になり、家庭内も老々介護を余儀なくされます。地方の人口減少はさらに加速し、東京だけが人口増になるとも言われています。こんな日本になりたいですか。

●地球温暖化の中心地になりかねない日本

　猛暑日の日数が年々増加しており、熱中症で搬送される患者も増加。観測史上最高となる1時間あたりの降水が各地で見られ、**すでに日本では気象や気候に確かな異変が起こっています**。日本の平均気温は世界平均を上回るペースで上昇し、早ければ2045年に東京の最高気温が40度を超え、真夏日が1か月以上続くかも知れません。

●経済の衰退と日本国自体の老化

　2021年の日本の1人当たりGDPランキングは世界で28位。額はスイスやノルウェーの半分にも及びません。経済成長率という項目で見ると、何と日本は157位。驚異の経済成長やバブルを経験した、経済先進国日本はもう過去の話です。ITが如何に進化したとしても、少子高齢化が止まることはありません。**経済の衰退と日本国自体の老化は、もう目の前に来ています。**

ひょっとしたらこうなるかも知れない2045年

バーチャルな恋人

メタバースが一般化し、バーチャルな世界に住むか、リアルの世界に住むかの選択が必要になります。アバター同士の恋愛も当たり前に。そうなったら、一層少子化が進み、子供がいなくなるかも知れません。

1人の人間に1台のロボット

生まれた時から、その方にはバーチャルかリアルかを親が選んで、高性能ロボットが与えられます。どこに行くのも、何をするのも一緒。親友であり、先生であり、双子の兄弟なのです。

学校なんていらない

親友のロボットは高性能であり、博識です。マンツーマンで、その子に勉強を教えてくれます。9歳で小学校卒業レベルに達する子も増えるでしょう。リアルな友達関係はなくなってしまうのでしょうか。

ほとんどの職業がロボットに

金融機関や役所の窓口業務は、おそらくすべて無人化、もしくはロボットが取って代わるでしょう。スーパーやコンビニのレジも同じ。多くの職業が2045年にはなくなると言われています。

戸籍は虹彩

虹彩認証ですべてが行える時代になります。マイナンバーカードも保険証も要りません。自宅やオフィスに入る際も、買い物も、カメラが虹彩を認証するだけです。

お札・硬貨それ何？

2045年には現金の授受がなくなります。すべてが電子決済となり、世の中からお金がなくなります。お札や硬貨を見たことがない子供たちが当たり前になるでしょう。

2045年の我が社という視点から バックキャストしましょう

バックキャストと対をなす言葉で、フォアキャストという言葉があります。フォアキャストは、人間が日常の行動で行っている思考に基づいたものであり、多くの企業や組織が知らず知らずのうちに、行って来た手法です。例えば、天気予報で雨が降りそうだから、傘を持って出ようとか、過去の実績を基に来期目標を設定するといった思考プロセスです。

一方、バックキャストは1970年代に環境問題がきっかけで生まれました。日本でも公害問題が大きなテーマとなり、環境庁が発足した頃、地球規模で環境の悪化に危機感を抱いた科学者たちが警鐘を鳴らし、多くの研究報告を行っていました。その中で、「このままでは、地球は滅亡してしまう。この先の未来を考えた場合、人類が存続していくために、地球はどうあるべきかを考えなくてはいけない。地球環境に影響を及ぼす開発や経済活動は、現在の状態を維持できる範囲にとどめよう」という提案がなされたのです。

その「**あるべき理想の未来からみて、今はこうあるべきだ、こうしなければならない**」という発想をバックキャストと呼び、一般化していきました。まさに、SDGsの発想の原点でもあります。

バックキャストは万能ではありません。世界中でビジネスを展開する大企業であれば、20年先のあるべき姿がいくつも浮かぶでしょうが、中小企業の場合、自社の20数年後が具体的に浮かぶ会社は少ないのではないでしょうか。創業時と今、会社はどう変わりましたか。売上や従業員が増えたということは、すぐに思いつくでしょうが、事業の本質やプロセスは変わっていない、という会社も多いと思います。

そこで、提案したいのがSTEP5でご紹介したパーパスです。こうありたいという志から、**2045年の自社の未来を、できるだけ具体的に考えて頂きたいのです。そこから、バックキャストを行ってください。**

父親から引き継いだ新聞販売店の店長だったら

全国紙販売店の店長　43歳
父親の時代は良かったな。夜明け前に新聞がヤマほど届いて、それを家庭に届けるだけで、十分儲かっていた。しかし、新聞の発行部数は減る一方。若い人たちなんて新聞を読んでもいない。おそらく、新聞の部数が伸びることはもうないだろう。だったら、僕はどうすれば良いのだろう。

うちの財産は何だろう	祖父の代から新聞を届けているので、地元の人たちの顔は、皆知っている。毎朝新聞を家庭に届けてくれるスタッフもいるし、バイクや自転車もある。新聞を受け取ってくれるおばあちゃんの顔はいつ見ても最高だな。
その財産で何ができるのだろう	隣の市で、同業がマクドナルドを届けているという話を聞いた。新聞以外のものを届けられないだろうか。まちなかの皆さんの顔も多く知ってるし。蕎麦屋の親父も、スーパーの店長も顔見知りだし。
だったら20年後の自分の志は	**「届ける」ということは変えない。家庭に何かを届けて、喜ぶ顔を見る、それを20年後も続けていこう。それが僕の志だ。**
その志をどうやって実現するか	まずは、スーパーの店長と話をしよう。おばあちゃんのいっぱいになった買い物袋を家庭まで届けてあげよう。買い物に行けないおじいちゃんの代わりに、スーパーや商店街に買いに行ってあげても喜ばれるだろう。

2045年の事業・商品・サービスを組み立ててみましょう

　2045年に、もしかしたらそうなるということと、間違いなくそうなるということを考えた場合、**間違いなくそうなる代表例は、「AIとテクノロジーの進化、及びロボットによる業務の一般化」**です。

　AIとテクノロジーの進化により、2045年になくなる仕事の代表例として挙げられているのが、「〇〇士」という仕事です。司法書士・社会保険労務士・公認会計士・税理士・不動産鑑定士・行政書士。今まではこういった資格を取っておけば、一生暮らしていける人気の職業でした。専門的なノウハウが必要だと思われるかも知れませんが、これらの職業のメインは、依頼者の代行として書類を作成し、関係する役所に申請する、あるいは届け出るという業務です。これからは専門のコンピュータソフトがさらに進化し、特別な知識がなくても、必要事項だけを入力すれば、関係書類が作成・提出できるようになります。それに伴って、税務署や役所の業務も減ることになります。職員は楽になるかも知れませんが、それより先に、役所の人員も大幅に削減されるでしょう。

　自動運転も一般化します。それにより最初になくなると言われているのが、電車の運転士です。子供たちの人気の職業ではありますが、JRも無人運転をスタートしました。運転手の高齢化や過疎化が進行して、地方の民間が運営するバス会社は、路線の見直しと撤廃を余儀なくされています。地方のタクシー運転手も高齢化が目立っています。近い将来、空飛ぶタクシーも含め、完全自動運転による新たな移動交通システムが登場します。行きたい場所と、現在いる場所を入力するだけで迎えに来てくれて、目的地へ届けてくれます。しかも乗り降りは、すべて虹彩認証であり、日用品や食料品も完全自動運転のクルマが届けてくれます。トヨタが静岡県で計画しているウーブン・シティで、近い将来それが実現されようとしています。

印刷会社の社長　60歳

先代からこの印刷会社を引き継いで、もう8年。一向に業績も上がらない。最近は営業に行っても、会ってもくれない。一番の得意先である、スーパーと不動産屋のチラシの印刷部数もどんどん少なくなっている。このままでは、新しい印刷機も買えない。ペーパーレス化が進む現在、もうこのビジネスは終わりなのだろうか。

うちの財産は何だろう	チラシだけでなく、パッケージや小冊子も印刷できるし、うちの社員は本当によく働いてくれる。納期や価格にも自信がある。1人しかいないけど、デザイナーもいる。
何がいけなかったのだろう	印刷の仕事ありませんか。他社より安くしますよ。その営業しかしていなかったかも知れない。何のために印刷物をうちに頼むのか、その視点で相手のことを考えるべきだったのかも知れない。
だったら20年後の自分の志は	店に来てほしい、この商品を買ってほしい、そう思って、皆、印刷物をつくっている。だったら、私の志はこうだ。**「あなたの望みをお聞かせください。私がそれを伝えます。」**
その志をどうやって実現するか	まずは、今まで取引のあった会社やお店をもう一度訪問して、悩みや思いを聞いてみよう。その解決策が印刷で実現できなかったら、ホームページも提案しよう。ホームページの制作会社やプランナーを探さなくては。

サーキュラーエコノミーについて 理解しましょう

　サーキュラーエコノミーは「循環型経済」と訳されます。経済産業省では、以下のように定義しています。

　「あらゆる段階で資源の効率的・循環的な利用を図りつつ、付加価値の最大化を図る経済」

　従来型の経済は「線形経済」でした。いわゆる、**大量生産・大量消費・大量廃棄の一方通行の経済であり、調達、生産、消費、廃棄といった流れが一方向の経済システムだったのです。**英語では、「"take-make-consume-throw away" pattern」と表記されます。日本においては高齢化が加速し、人口は減少の一途を辿っています。しかし、世界的に人口は爆発的に増えていると言われ、必要な資源や食料も増大しています。

　また、SDGsの根底となった地球温暖化をはじめとする環境問題はさらに深刻化しており、事業利益と豊かさだけを追求する従来型の経済を見直さざるを得なくなったのです。**これからは、エネルギーをはじめとする資源や資材の投入量を抑え、消費量も抑えなくてはいけません。原材料だけでなく、廃棄物も有効活用することが余儀なくされているのです。**

　ここで、日本人が大切にしてきた言葉を思い出しませんか。

　そうです、"もったいない"です。もったいないを、辞書で引くと、こう書かれています。「**有用なのにそのままにしておいたり、無駄にしてしまったりするのが惜しい**」。まさに、**サーキュラーエコノミーの概念と合致しています。**

　2005年、ケニアの環境保護活動家であるワンガリ・マータイさんは、自然やモノに対する愛が込められたこの言葉と来日の際に出会い、感銘を受けたそうです。彼女のおかげで、"もったいない"は世界中でつかわれるようになりました。あなたにはすでに不要になったものでも、それを欲している人は必ずいます。

世界最先端とも言われる
ユニリーバのサーキュラーエコノミーへの取り組みの事例

2025年までの数値目標を設定

- ■ 非再生プラスチックの使用量を半減
- ■ 使用量の25%を再生プラスチックに
- ■ プラスチックパッケージを100%再利用可能、再生可能、堆肥化可能に
- ■ 販売量以上のプラスチックパッケージの回収・再生を支援

Less Plastic：プラスチックの使用量を減らす

世界全体でパッケージの軽量化、小型化、薄肉化を推進。日本でも2018年以降、製品設計の見直しにより100トン以上削減。

Better Plastic：より環境負荷を少なく、循環利用しやすく

再生プラスチックおよび再生可能なプラスチックへの切替を加速。日本でも「ラックス」「ダヴ」などのPET素材のボトルをすべて再生PETに切替済。また、単一素材の包材も開発。

No Plastic：プラスチックを使わない

海外では紙や金属、ガラス製のパッケージの製品を販売。日本でもアテンションシールの廃止のほか、シャンプーなどを量り売りで買える「リフィルステーション」を展開。

業界・行政・消費者との協働

ごみの回収インフラが未整備の国・地域で、生活者が持ち寄った資源ごみを再生業者に販売し、利益を還元する「ごみ銀行」を設置。欧州ではプラスチック容器の業界基準づくりを主導。日本でも、エコポイントがたまる「UMILEプログラム」、日用品各社や自治体と協働で容器回収のしくみと再生技術の確立を目指す「みんなでボトルリサイクルプロジェクト」を拡大中。

〈出典：ユニリーバのホームページ〉

サーキュラーエコノミー視点で
自社の事業を整理しましょう

　サーキュラーエコノミーは、別の言葉で言い換えると、「廃棄」されていた製品や原材料などを新たな「資源」と捉え、廃棄物を出すことなく資源を循環させることと言われています。環境負荷と経済成長を分離させ、持続可能な成長を実現するための経済モデルとして世界中で注目を集めています。EUではSDGsの採択と同じ2015年に、「サーキュラーエコノミーパッケージ」が採択され、経済成長政策の中心に据えられています。**世界的にも、SDGs実現のための、重要なワードなのです。**

　以下はサーキュラーエコノミーを代表する5つのビジネスモデルです。あなたの会社の事業の整理におつかいください。

❶再生型サプライ

　原材料コストを削減し、安定調達を実現するために、繰り返し再生を続けることです。ファッション業界ではすでに多くの企業が実践しています。

❷回収とリサイクル

　今まで廃棄物とみなしてきたものを、他の用途に活用することを前提とした生産や、消費のシステムを考えてみましょう。

❸製品寿命の延長

　従来の電球より高価ですが、LED電球は今までの電球より、はるかに製品寿命が長くなりました。

❹シェアリング・プラットフォーム

　自動車は所有するもの。自己のプライドを満足させてくれるもの。昭和の時代は、そうでした。今は違います。必要な時だけ、カーシェアを利用するという方が多くなりました。

❺プロダクト・アズ・ア・サービス

　製品やサービスを利用した分だけ支払うというビジネスモデルです。タイヤを1本1本販売するのではなく、走行距離に応じて請求するといった考え方です。

経産省が提案している サーキュラーエコノミー実践チャート

設計 — 生産 — 利用 — 廃棄 — 再生

設計	● リデュース設計（軽量化など） ● リユース・リサイクルに適した設計 ● 長期使用可能な製品・サービスの設計 ● オーダーメード型の製品設計による余剰機能の削減 ● 再生材などの環境配慮型素材の積極利用
生産	● 生産工程の最適化による生産ロスの削減や端材・副産物の再利用 ● IoTを活用し、需要に応じた供給を徹底することによる販売ロスの削減
利用	● リース方式によるメンテナンスまで含めた製品の有効活用 ● IoTによるサービス化を通じた資産の運転効率や稼働率の向上、長期利用の実現（PaaS/MaaS） ● シェアリングなどを活用した遊休資産の有効活用 ● 中古品のリユースやカスケード利用
破棄	● 製品自主回収などを通じたリサイクルの推進 ● 産業廃棄物の削減・リサイクルの徹底 ● 廃棄物の性状に応じた最適なリサイクル手法の選択

〈出典：経済産業省のホームページ〉

サプライチェーンについて
理解しましょう

　サプライチェーンとは、サプライ【供給】とチェーン【つながり、連鎖】を合わせた言葉で、事業の流れに着目したすべての行程を表しています。原材料や部品の調達から、生産、流通、小売に至るまで、消費者に届くまでの事業プロセスすべてを指しています。

　企業がSDGsに取り組むにあたっては、自社の事業活動のみならず、すべてのプロセスにまで視野を広げ、責任を取る必要があるということです。

　自社の生産活動が、きっちりSDGsに則って取り組んでいるとしても、原材料の生産者や流通業者などの取引先の業者が、コンプライアンスに反する環境や人権に配慮しない業者だとしたら、社会的には信用されません。それが、「つくる責任」です。「自分たちは悪いことをしていない」「業者のことは我が社には関係ない」では済まされないのです。

　サプライチェーン全体を見渡して、それを最適化するのが「サプライチェーンマネジメント」です。 経済および企業のグローバル化が進む現在、すべての事業において「サプライチェーンマネジメント」の重要性は、益々高まるばかりです。

　上場企業においては、サプライチェーンマネジメントが浸透しつつあり、関連会社・取引先のすべてに、「自社のサプライチェーンマネジメントに対する協力のお願い」を出す会社も増えてきています。すなわち、**襟を正して公明正大な事業を行っている会社でないと、今後取引をしないという意思表示です。**

　今後、この動きが加速する可能性は十分にあります。もし、あなたの会社が大手上場企業の下請けで、部品をつくっているのでしたら、明日にでもその依頼書が届くかも知れません。**すぐに、あなたの会社の事業プロセスすべて、そして取引先の詳細なチェックを行ってください。**

サプライチェーンマネジメントを行う4つのメリット

①事業プロセスの一元管理

すべての事業プロセスを可視化することにより、社内外で起きている事象や、取引のある企業すべてを一元で管理できるようになります。また、一元管理を行うことにより、経営陣へのすべての事象の報告の速度も格段に速くなります。結果的に経営陣からの現場への指示も、迅速かつ的確になります。

②マーケティング能力のUP

最終的な小売り段階での動きも掌握できるため、消費者の動きやトレンドも取得できるようになります。そのニーズに対応することにより、新たな商品開発にもつながります。また、商品ごとの的確な供給量の把握や、供給スピードの向上を図ることが可能になります。

③在庫対策

企業にとって過剰な在庫は、死活問題です。また、在庫切れはあなたの会社の信用の失墜を招きます。モノを生産・販売している会社にとって、在庫管理は最重要課題と言っても良いでしょう。サプライチェーンマネジメントは、売れ行きから生産量をコントロールし、在庫の適正化を行います。

④人材とコストの最適化

少し前まで主力商品だったがコロナにより売れ行きが悪化、逆にこのところ急に引き合いが増えている商品。サプライチェーンマネジメントを行えば、それがすべて把握できます。これから人材やコストを投入しなければいけない事業、人もコストも削減しなければいけない事業の把握も可能になります。

サプライチェーンという視点で会社を見るということは、もう一度冷静になって、自社の全体像を俯瞰するということです。例えば、こんな課題があるかも知れません。

● その人がいないとわからない

社員は自分しか知らないことをつくりがちです。自分しかわからないということを逆手にとって、「自分がいないと業務がまわらない、だから私は会社にとっては必要なのだ」と考えて、自分のステイタスを上げようとします。例えばパスワードがわからない。この場合、どこの誰に連絡すれば良いのかわからない。そうなったら、業務は止まってしまいます。

● 情報が分断されている、違う部署のことはわからない

10人の会社で、2つの製品を販売している。2つのフロアでそれぞれ業務を行っているとすれば、**それは2つの会社があるようなものです。**お互いが競争意識を持つことは良いことなのですが、そうなると、完全に情報が分断されてしまいます。同じ部材を、違う価格で別々の会社から仕入れているということもあり得ます。

● 現状がベストだと勝手に判断している

今までこのルートで資材を揃えて、取り立てて問題もなく業務も流れているので、これで良いと担当者も責任者も判断していませんか。もしかしたら、別の会社から仕入れたほうが、スペックも上がり仕入れ価格も下がるかもしれません。**担当者は、気心が知れた仲間と馴れ合いで仕事をするのが最も楽です。**今さら、業者を変えたくないでしょう。それで良いのですか。

● マニュアル化されていない、データを残していない

仕事は身体で覚えるものだ。先輩のやり方を身体で感じて、お前も後輩に伝えておけ。それは昭和の会社です、2045年まで**会社を存続させるため**にも、仕入れ・製造・販売・輸送という一連のサプライチェーンを、すべて**マニュアル化し、個々のデータをきちんと整理してください。**

大手ハウスメーカーと競合する 地元工務店のサプライチェーンは

事業工程	事業パートナー

事業工程	事業パートナー
競合ハウスメーカーとの 設計・見積り勝負	
用地の仕入れ / 現家屋の 解体・整地	不動産会社 / 解体・整地 業者
建物の設計 仕様・設備の決定	設計事務所
資材の調達	資材・設備 調達会社 / 資材・設備 運搬会社
施工 施工管理	大工 左官 鳶 / 警備会社 / 設備 施工会社
引き渡し・入居	管理会社
入居後の対応リフォーム	リフォーム会社

改めて見ると、いかに多くのパートナーと業務を遂行しているかが
わかると思います。しかし、このパートナーの誰かが
ミスをしたとしても、すべてはあなたの会社の責任なのです。

STEP 08 11 自社のサプライチェーンマネジメントを考えましょう

　サプライチェーンマネジメントは、「主業務マネジメント」と「付随業務マネジメント」に大別されます。

　主業務は、生産・輸送・販売などの、利益を生み出すための業務であり、付随業務は人事・総務などの社外には関係ない業務です。

　主業務マネジメント構築の流れは下記の通りです。

① 製品やサービスへの顧客需要に対応するために、すべてのリソースをマネジメントする必要があります。サプライチェーンの構築を行った後、一連の行程が効率的かつ効果的か否か、個々及び全社的な目標を達成しているか否かをチェックしてください。

② 商品の生産やサービスを提供するために必要な取引先（サプライヤー）の構築を行います。現時点での取引の有無にとらわれず、最適なパートナーを選択してください。サプライヤーとの関係性を監視した上で、管理するプロセスを確立してください。

③ 原材料の調達、製造、品質検査、配送、納品計画に必要な一定のプロセスの管理システムを構築してください。

④ 受発注システム、配送、納品、請求、支払いという行程のマネジメントシステムを確立してください。

⑤ 顧客のフォロー、クレーム対応及び返品対応というプロセスを構築してください。

　付随業務のマネジメントの構築に順番や優先順位はありません。右のチェックリストを参考に、もう一度自社を見直してください。

　面倒くさい、そして大変な作業だと思われるかも知れません。その通りです。言い換えれば、**会社が日常的に行っている一連の業務をゼロベースで見直し、再構築するということです。再構築して、今までのやり方に不備や無駄があったら、すぐに変革を行ってください。社員は変革を好みません、通達し実行するのが、社長の役目です。**

SDGsの視点を取り入れた
サプライチェーンマネジメントのチェック事項（例）

☑ 人権及び労働について

- 強制労働の禁止
- 差別の禁止
- 高齢労働者への配慮
- 若年、障がい者への配慮
- 労働時間の配慮
- 十分な休暇
- 適切な給与及び手当
- 適切な評価制度

☑ 環境への配慮

- 製品の成分管理
- 化学物質の管理
- エネルギー及び電力の削減
- 環境負荷の削減
- 温室効果ガスの削減
- 資源の有効活用
- 廃棄物の管理と削減
- 原材料のルート管理

☑ 公正な取引・倫理の遵守

- 公正な取引、公正なビジネス
- 不正利益供与及び受領の禁止
- 優越的地位濫用の禁止
- 汚職行為及び不正献金の禁止
- 知的財産の尊重
- フェアトレードの励行
- 不正行為の事前防止

☑ 安全・衛生管理

- 安全労働の徹底
- 機械及び設備の安全徹底
- 職場及び施設の衛生管理
- 社員の健康管理
- 労働災害対策
- 社員の精神面の管理
- 緊急時の備えと対応策

☑ 品質管理

- 品質管理の徹底
- 製品のデータベース化
- 管理行程のデータベース化
- プロダクトマニュアルの作成
- 出荷時の検品
- 納品業者との連携

☑ 情報セキュリティ

- 個人情報の保護
- 社内PCの管理
- プライバシーへの配慮
- サイバー攻撃対策
- 機密情報の漏洩防止
- 特許及び商標の管理

こんなにあるのかと思われるかも知れませんが、
すべて当たり前のことです。あなたの会社ではいかがですか。

バリューチェーンについて
理解しましょう

　バリューチェーンとは、バリュー【価値】とチェーン【つながり、連鎖】を合わせた言葉で、製品の製造や販売、それを支える開発や労務管理など、すべての活動を「価値の連鎖」として捉える考え方のことであり、バリューチェーンを通して、自社の強み・弱みを分析して事業戦略の再構築を行うことができます。

**　バリューチェーンはモノやサービスに、あなたの会社がどのような価値を加えているのか、サプライチェーンはあなたの会社のプロダクトがどのように供給されているかという事業プロセスを表しています。**

　バリューチェーンの創造も、サプライチェーン同様、関係者全員で行わなければなりません。「目標8 働きがいも経済成長も」「目標9 産業と技術革新の基盤をつくろう」「目標12 つくる責任 つかう責任」の3つの目標を達成するために、企業にとってのマストのワードになりました。

**　事業活動は、商品、サービスだけではなく、様々な価値を生み出しています。従業員の雇用、地元の活性化、技術開発、情報発信などの付加価値も提供しているのです。**自社が社会に提供している付加価値も考慮に入れて、SDGsの目標設定や実際の行動に組み入れる必要があるのです。

　経営陣や管理職だけではなく、全従業員で周知徹底し、自分の会社のみならず、利害関係者、つまり川上から川下までの取引先や、来店者、地元住民にまで目を配ることが大切です。

　また、将来の利害関係者となりうる方たちにまで視野を広げることも肝要です。**自社の業態や商品における、バリューチェーンはどこにあるのか、そしてそれをより価値のあるものにするためにはどうすべきかを、会社の皆さんと一緒に考えてみてください。**

　業界全体の利益構造や差別化項目をもう一度洗い出してみてください。その上で、自社のビジネスを構成する項目を段階的に整理・分類することにより、どの部門の、どの活動が他社に対する優位性を生み出しているのかを明確化することができます。

　商品の企画なのか、価格の安さなのか、営業の強さなのか。勇気がいる行為かもしれませんが、今までグレーだった部分を浮き彫りにするところから始まります。

主業務においてバリューチェーンをどこに見出し、
業界内において自社の地位をどう確立するか

- 製品設計、商品企画、新商品開発
- 製造に伴う原材料や部品の仕入れ及び保管
- 製品の製造及び装置や設備の点検、商品の検品
- 工場から倉庫・店舗への出荷・輸送
- 製品のマーケティング、営業・販売活動
- 保守・運用サービスなどのアフターサービス、クレーム対応

付随業務のどこにバリューチェーンを見出し、
社員の帰属意識を高め、人材を育成するか

- 財務、経理
- 経営企画
- 総務、人事、労務管理、福利厚生
- 新規事業計画
- 法務、契約業務
- 秘書室、SDGs推進室

バリューチェーン視点で
事業を整理しましょう

【 自社の強み・弱みを明確にし、強みに集中する 】

● **あなたの会社の強みは何ですか、商品力ですか、技術力ですか**。逆に競合他社と比べて、弱い点は何ですか。

● 自社が持っている経営資源を、その強みであるポイントや製品などに集中的に投下することにより、競合他社よりも高い競争優位性を生み出すことは可能ですか。

● 可能と判断した場合、自社の特性・得意分野に適合した集中戦略を選択しましょう。限られたエリアや限られた市場だからこそ、競合と戦うことのできる独自の強みが発掘できます。

【 コストをすべて見直す 】

● **製品コストはどこまで削減することが可能ですか**。業界内で最安値に近い設定は可能ですか。可能であれば市場における競争優位性が圧倒的に高まります。

● 「仕入れコストを減らす」「仕入れ先を見直す」「作業工程や物流システムを見直す」「人員配置を一から見直す」など、事業に関連する全活動のマネジメントが必要になります。

● **価格面での差別化が困難と判断される場合、他の手段を考えましょう**。仕入れ業者への無理強いだけは止めてください。あなたの会社の信用が一瞬にして失墜する危険性があります。

【 マーケティングという視点を持つ 】

● **マーケティングという視点で、自社の商品を捉えていますか**。

● 競合他社並びに競合商品と比べて、自社の製品やサービスはどの位置にありますか。

● 競合との比較を行った上で、**製品の機能や性能、サポートなどの多様な範囲の中で、焦点を絞り、意識的に競合他社及び競合商品との差別化を図りましょう**。

Value　経済的な価値

自社の経営資源が、経済的に価値
があると市場に認識されているか、
市場のニーズに合った製品・商品
を世に送り出しているか。

- 経営資源を再構築し、潜在価値
  を見出す。
- マーケティングを行い、市場に
  合った製品・商品を構築する。

Rarity　希少性

自社の製品・商品に希少性はある
か。市場において、唯一無二の企
業なのか。

- 希少性があり、高付加価値が
  ある製品の開発を行う。
- 価格重視から付加価値重視への
  転換を考える。

Imitability　模倣可能性

自社の製品・商品は模倣される可
能性が低いものなのか。模倣され
ない技術や商標はあるのか。

- 自社でしかできないオリジナリティ
  を見出す。
- 他社が模倣できないような仕組
  みや技術を開発する。

Organization　組織

自社の経営資源をすべて把握し、
有効活用している組織を構築でき
ているか。組織がマンネリ化してい
ないか。

- 経営陣と組織体制を、ゼロベー
  スで見直す。
- 社外取締役を採用する。
- コンサルタントに相談する。

バリューチェーン視点で
未来の事業を創出しましょう

　インターネットとスマホはすべての業界に変革をもたらし、**業界という壁さえなくなりつつあります。**昔から伝わる「そうは問屋が卸さない」という言葉は、問屋という業態がそのビジネスを牛耳っていたことにより生まれたものです。しかし、**21世紀に入って、最も消えた会社が多い業種は卸売業です。**産地とレストランをつなぐシステムを構築する会社が現れ、オリジナルブランドをつくる家具や日用品販売会社が増えたことなど様々な要因が、卸売業を窮地に追い込みました。

　メディアも、日に日に変化しています。インターネットが出現するまでは、新聞・テレビ・雑誌・ラジオという4大マスメディアが全盛を極めていました。情報を発信するのも、流行をつくるのも、すべて4大マスメディアが中心でした。現在、10〜20代の若者が最も接しているメディアは、YouTubeとLINEです。テレビも持っていません。気になるトレンドやワードをインターネットで検索し、話題になっているテレビ番組があれば、スマホやタブレットで、TVerを観ています。TVerは再生速度が変えられます。彼らは、最低でも1.25倍、多くの方は1.5倍の速度で観ています。通常速度で観ると時間がもったいないというのが、その理由だそうです。

　1000万部を超えた世界最大の発行部数の新聞も、視聴率20%を超えて、誰もがテレビの前に釘づけになったのも、過去の話です。

　スマホの出現は、多くの業界に変革をもたらしました。被害を被ったというのは言い過ぎなのでしょうが、カメラ業界が一番大変だったと思います。写真を撮るのも、初めての場所へ行くのも、天気予報を見るのも、電車に乗るのも、コンビニでの支払いも、音楽を聴くのも、メールのやり取りも、ゲームをするのもすべてスマホです。

　何か気づきませんか。そう、**スマホはスマートフォンの略称ですが、もう電話ではないのです。超小型パソコンです。SDGsを推進し、実現するためには欠かせないツールなのです。**

大型スーパーに隣接する大型電器店ができてから
ずっと売上が落ちている、メーカー系電器店だったら

まちの電器屋社長　45歳

20年前まで、テレビも洗濯機も、商店街にある「まちの電器屋」で買っていました。今や家電も、ネットで購入する方も増えましたが、まちから少し離れた場所に大型電器店が出店すると、クルマでそこに行くようになったのです。大型スーパーと大型電器店が、シャッター商店街をつくってしまったのです。まちの電器屋は、切れた電球を買いに行くところになってしまいました。

まちの電器屋の 財産は	・系列のあらゆる家電を仕入れられる ・家電をお届けしてセッティングも行う ・修理やメンテナンスも行う
大型電器店に対する バリュー	・まちに根づいている、交流がある ・あらゆる家電製品を届けセッティングも行う ・あらゆる家電関係の知識及び製品のノウハウがある

あなたのおうちの家電を すべて診断します。

現在の家電と10年前の家電の最大の違いは、性能と節電です。診断しますというサービスを看板やチラシで訴求。一軒一軒、家庭を訪ねてすべての家電を診断し、そこを主眼にすべての家電のチェックシートを作成して説明します。納得して買い替える方も多いのではないでしょうか。

家電のクリーニングは 年に一度徹底的に。

エアコン・換気扇、可能ならば水回りも、定期的にクリーニングするサービスをスタートしてはいかがでしょう。定期収入にもつながります。

SDGs＋DXという視点で 自社の事業を整理しましょう

　　DXはDigital Transformationの略語で、直訳は「デジタルによる変容」となります。

　経済産業省は、DXを次のように定義しています。

「企業がビジネス環境の激しい変化に対応し、データとデジタル技術を活用して、顧客や社会のニーズを基に、製品やサービス、ビジネスモデルを変革すると共に、業務そのものや、組織、プロセス、企業文化・風土を変革し、競争上の優位性を確立すること。」

　なぜ、デジタルトランスフォーメーションはDTではなく、DXなのかを調べてみました。

　「Transformation」は「X-formation」と表記されるため、頭文字を取ってDXと表記するようになったそうです。「trans」は、「cross」とほぼ同じ意味で、交差するという意味の「cross」を省略して「X」と書かれることがあり、同じ意味の「Trans」も「X」で代用されるようになったそうです。そういえば、クリスマスも「Xmas」と表記されます。

　私見ですが、「DT」だったら、ここまで一般化しなかったでしょう。DXのほうが、圧倒的にインパクトがあるように感じます。

　企業がSDGsを推進するためには、DXの推進は欠かせないです。「俺は、デジタルのことは全然わからない。デジタルなしで、ここまでやってきた。このままで良い」。あなたがそうお考えになるのは自由です。しかし後継者の方にとっては、DXは必須とお考え頂きたいのです。例えば、**「日本刀の製造技術の承継になぜDXが必要なのか?」**。絶対必要です。基本的な鉄の成分、最適温度、最適時間を、すべてデータベース化して頂きたいのです。何より、製造過程を動画に保存してください。あなたの素晴らしい技術が後世に残るだけでなく、全国から弟子の志願者が押し寄せるでしょう。

DXによって生まれた新しい形態

出前業

つい10年前まで、出前は自分の店の従業員が届けるのが当たり前でした。ところが今では、出前専門会社のサイトを見てオーダーすることが当たり前になりました。日本に出前専門業という業態が確立されたのです。

**メイクアップ
オンライン
指導**

メイクアップを習得するためには、知り合いに頼むか、デパートの1階で美容専門員に教えてもらうしかありませんでした。今では、化粧品会社が競ってオンライン指導を行っています。コロナ禍でそれが加速しました。

**住宅ローン
コンサルタント
業務代行**

住宅ローンは専門知識が必要で、時間もかかり、銀行としては非効率業務です。DXで住宅ローンをシステム化し、住宅購入者からの相談を受け、銀行からの依頼で専門業務を行う会社が躍進しています。

**調剤薬局
ネットワーク**

全国の調剤薬局の多くは零細経営。DXはほとんど進んでいません。ファーマクラウドは、全国の調剤薬局のDXのバックアップを行うと共に、薬の自主流通ネットワークを構築し、注目を集めています。

**デジタル
ガバメント**

中央省庁は別にしても、地方行政のDXは全くと言って良いほど、進んでいません。しかし、デジタル庁が新設され、デジタル田園都市国家構想も発表されました。この数年で急速に、行政のDXが本格化するでしょう。

SDGs＋DXという視点で
未来の事業を創出しましょう

　IT化とDXはどう違うのですかと聞かれたことがあります。私は、こう答えました。IT化は、共用サーバーと一人一台のＰＣとスマホを用意し、必要なソフトをインストールすることで、単にIT環境を整備することです。それに対してDXは、ITによりビジネス自体の変革を目指し、自社の優位性を確立すること。つまり**IT化は、「これだけ資金を投じてデジタル化したのだから、後はうまくつかおう」ということであり、DXは「ITを利用して、会社の未来を創造しよう」**ということだと考えています。

　あなたの会社の経理ソフトはいつ導入したものですか、20世紀の時代にインストールした古いものを使っていませんか？　皆さんもご経験あると思います。10年前の家電製品を最新のものに買い替えたら、おそろしいほど性能が上がって、しかも節電になっている。業務用ソフトはそれ以上です。経理関係、人事関係、名刺管理、どのソフトをとっても、５年前とは比べものにならないほど、スペックが上がり、しかもつかいやすいです。今まで、２人の経理担当社員が月末には残業を余儀なくされていたのが、１人で残業なしで遂行できるようになるとお考えください。その分１人の社員を別の業務に回すことができ、人材の有効配置が可能になります。

　DXによりぜひ推進して頂きたいのは、このSTEPで紹介したサプライチェーンマネジメントの確立です。

　無理無駄をなくし、業務プロセスのすべてを可視化し、事業全体のシステムを新たな視点から再構築することです。

　サプライチェーンマネジメントを確立した上で、新規事業・新商品を開発し、次のステップに踏み出していけば、SDGsの目標8「働きがいも経済成長も」を実現し、目標12「つくる責任 つかう責任」を果たすことができます。

今すぐということではありませんが近い将来　必ず実現しそうです

旅行会社社長　53歳

地方の県庁所在地で10人が勤務する旅行会社。今までは、修学旅行や地元商店街の団体旅行をメインに事業を行ってきたが、コロナで需要が激減。あと1年、この状態が続いたら、リストラ。場合によっては廃業も考えなくてはいけない。SDGs＋DXで解決策を見出し、今までにない旅行ビジネスを展開できないだろうか。

地元高専と タイアップ	地元高専にメタバースの制作を提案。地元旅行会社と地元の若い世代で、「我がまち」をバーチャル上で見ることができるメタバース「まちバース」を制作する。県や市、並びに地元のテレビ局も巻き込む。
我が街 メタバース	でき上がったまちバースは英語版も作成し、日本だけでなく、世界中に発信。記念写真撮影、地元神社へのお賽銭、洞窟入場料などの課金で収入を得る。地元名産品もネット通販。
県民ホールを 完全3D空間に	県とタイアップして、県民ホールの一室を、完全3D体験ルームに。まちバースをここで再現し、県外あるいは海外からの旅行客の目玉に。海外のメタバースとも提携し、いながらにして、海外が実感できる空間に。
バーチャル 修学旅行 団体旅行	今までお世話になってきた、地元の小学校・中学校、地元商店街の方たちを対象に、県民ホールでバーチャル修学旅行、団体旅行を企画し、招待する。

STEP 08 — 17

さあ、あなたの会社の
ムーンショット計画を

　ムーンショットという言葉は、随分前からありましたが、グーグルの「10X」が話題になり、ビジネス界で広くつかわれるようになりました。しかし日本では、内閣府が狼煙を上げたにもかかわらず、ムーンショットという言葉自体を知らない方がほとんどです。

　これには、小さい頃からの日本の教育方針も影響しているように思います。例えば6歳の子供が「僕、アイドルになりたい」と親に話したら笑って済まされるでしょうが、高校生の子が同じことを言ったとしたら、こう言われるでしょう。「あなた男の子なのだから、夢みたいなこと言ってないで、ちゃんと勉強して、大学に行きなさい」。そうなのです。**「突拍子もないことを考えずに、現実を見なさい」という親の言葉が、夢を見させてくれないのです。**最後まで子供の夢につき合う親はどれほどいるのでしょう。

　大企業は、株主がいて、社外取締役もいます。夢のようなことを誰かが言い出したとしても、却下されてしまいます。それよりも、中期経営計画をきちんと組み立てて、堅実な経営を目指すほうを優先させてしまうのです。その点**中小企業は、社長が社員の前で、こう言えば良いだけです。「こんなムーンショットを考えた。2045年、私はいないかも知れないが、皆でこれを実現しよう」**。そのムーンショットが魅力的なものであれば、皆は納得してついてきてくれます。

　何度も書きましたが、私はこのムーンショットというワードが大のお気に入りです。夢みたいなことを考えるのが大好きなせいでしょう。70歳で小説新人賞を獲ることを真剣に考えています。

　多くの日本の会社がムーンショットを採用し、皆が夢を語り始めたら、日本はもっと楽しくなると思いませんか。

　最後に、新潟県長岡市の山古志地域が始めた、NFTを活用した、とっても素敵なムーンショット（私はそう思っています）をご紹介します。

人口800人ほどの限界集落　新潟県長岡市 山古志地域（旧山古志村）のムーンショットとは

　山古志地域は、中山間地域にある小さなエリア。起伏の激しい地形で、豪雪地帯です。2004年の中越地震で、壊滅的な被害を受け、震災発生当時約2000人以上いた地域住民は、今や約800人となり、高齢の方が半数以上を占めます。

　山古志地域は消滅してしまうという危機感が広がり、「山古志住民会議」は何とかしなければと討議を重ねました。しかし、何をやってもうまく行きません。代表である竹内さんは、もうやり尽くしたと思ったそうです。最後に頼ったのが、VRなどのテクノロジーでした。東京に来てメタバースなどを手掛ける企業や関係者と会いましたが、億単位の資金が必要と言われ、本当にダメだと思った時に出会ったのが、今のアドバイザーだそうです。彼が提案してきたのが、**NFT（偽造や複製ができないデジタルデータ）アートによる町おこしでした。**

　2021年春、住民会議に嬉しい知らせが届きました。企画が通って、国の交付金が支給されることになったのです。長岡市も補助金を設定してくれました。住民会議にNFTの案を説明したところ、竹内さんがそこまで言うのならやってみようということになり、プロジェクトがスタートしました。アートのテーマは山古志が発祥の地で、世界中にファンがいる錦鯉としました。NFTの購入者にはエストニアが採用して話題になった「デジタル住民」にもなってもらいました。今やデジタル住民は、リアル住民の数を超えたそうです。

　竹内さんの「我が山古志を再興させよう」という強いムーンショットが皆を動かし、一歩一歩実現に近づいているのです。

おわりに Ⅰ　中谷昌文

　本書を最後までお読み頂き誠に有難うございました。皆さんの扉は見つかりましたでしょうか。たくさんの実例がありました。きっと「これならできそう！」というものもあったかと思います。または「やっぱり大変かも…」と様々な考えや思いがあることでしょう。私は、2020年の4月から『社会貢献活動家』養成講座を始めました。この目的は、社会貢献と実業の両輪を目指す人を増やすことです。これからの21世紀はこの2つのことを両立させてこそ意味があると考えています。そのためには私が推奨している『ペイフォワード精神』がとても大切だと考えています。また同時にお金の知識も重要です。そして最後は「共感」です。これを言葉にしてスピーチをする練習をして発表をします。1年かけて自分のできる扉を見つけます。専業主婦の方が「ゴミを減らします！　無農薬食材にできる範囲で切りかえます！」と言っていましたが、これもSDGsの目標12「つくる責任 つかう責任」の取り組みのひとつです。「自分がしなくても誰かがやれば大丈夫、関係ない！」とはならないのです。

　SDGsのテーマは『持続可能な開発目標で誰一人取り残さない！』ですから逆に言えば誰一人できないことがないってことです。すべての人が17の目標のどれかに必ず関わっているからです。他人事ではなく自分事なのです。私自身が体育教師もやっていましたからこの取り組みを小中学校の授業に取り入れてほしいと心から思っています。幼い頃から生活の中に取り入れていれば習慣になりやすく自然と取り組めるものです。まずは、自分のできる扉を開けてやってみてください。そして、やり続けてみてください。そうすることでまた、違う扉を開けたくなるかも知れません。そうして一人ひとりが扉を開けて協力し合えばSDGsの目標達成ができると信じています。

　さあ、未来の人々のために！　美しい地球を残してとどけよう！　皆さんと共に扉を開けよう！

＊『ペイフォワード』とは受けた恩を直接その人に返すのではなく、
第3者に贈ること（先送り・次へ渡せ・先に支払う）

おわりに Ⅱ　馬場　滋

　本編では、たくさんの方に登場頂きました。板金工場の社長、スーパーの店長、美容室の経営者、ゴルフ場の支配人、牛乳宅配業者さん、クリーニング店のオーナー、家具屋の社長、コンサルタント志望者、信用金庫の方、まちの不動産屋の方たち、ラーメン屋さんと蕎麦屋さん、豆腐屋さん、おにぎり屋さん、新聞販売店の店長、印刷会社の社長、まちの電器屋さん、旅行会社の社長といった方たちです。このメンバーを見て、何の本なのかというクイズがあったら誰も正解できないでしょう。

　87ページにも書きましたが、答えが見えなかったのがガソリンスタンドでした。20年後を考えたら、間違いなく変革が求められているのですが、論点やわからない点が多すぎるのです。電気・水素のどちらが主流になるのか、ガソリン自動車はどういう変遷を辿るのか、そもそもガソリンスタンドに代わるものは出現するのか、考えたらきりがないのです。また、ガソリンスタンドという建築物は非常に特殊な構造になっています。すぐには建て替えられません。そう考えると、ガソリンスタンドの経営者にどういうアドバイスをすれば良いのか、自信が持てませんでした。石油会社も含めて、一度取材をしようと思っています。

　この本を読んで頂きたかったのは、"従業員10人前後の中小企業の皆さん"です。ある程度読者を絞らせてもらいました。なかなか情報が入って来ない、誰に聞いて良いかわからない、そういった皆さんに、この書をきっかけにSDGsを始めて欲しい、その願いが根底です。大企業の部長さんが手に取ったら、「何だ、こんなことわかっている」。そう思われるかも知れません。それでも良いと思いました。

　本編にも書きましたが、SDGsを始めるということは、「SDGsという視点で、あなたの会社の経営を見直す」ということです。中小企業が元気になれば、日本も元気になります。わからないこと、迷ったことがありましたら、ぜひ著者宛（barbar0606@outlook.jp）にメールをお送りください。

中谷昌文（なかたに よしふみ）
社会貢献活動家。国際ビジネス大学校設立者／理事長。
自らが理事長を務める国際ビジネス大学校や、所属している団体において、中小企業経営者と日常的に接している。彼らと接する中で、中小企業経営者がSDGsを推進すべきだとは感じていながら、どうして良いのかが分かっていない現実を目の当たりにし、馬場氏と一緒に中小企業へのSDGs導入の推進を進めている。
著書に『ビル・ゲイツの幸せになる質問……もしも1日200円しか使えなかったら？』（日本実業出版社）などがある。

馬場　滋（ばば　しげる）
SDGs実践コンサルタント。
株式会社日本経済広告社在籍。早稲田大学創造理工学部環境資源工学科卒。2019年に出身である、長崎県大村市の「大村の未来アドバイザー」を市長から拝命し、現在も続けている。卒業した環境資源工学科において、大学1年生向けの必修講義をボランティア講師として行っている。同学科OB会の副会長を務め、環境資源工学科未来会議の一員として、教授陣とも連携を取っている。今後はSDGsの産学連携にもトライしたいと考えている。現在は、中小企業をメインとするSDGs導入の専門家として、SDGsの研究と実践に明け暮れる毎日を過ごす。

ぜん ず かい　ちゅうしょうきぎょう　　　　　　エスディージーズ どうにゅう　じっせん
全図解　中小企業のためのSDGs導入・実践マニュアル

2023年1月1日　初版発行

著　者　　中谷昌文　©Y.Nakatani 2023
　　　　　馬場　滋　©S.Baba 2023

発行者　　杉本淳一

発行所　　株式会社日本実業出版社　東京都新宿区市谷本村町3-29 〒162-0845

　　　　　編集部 ☎03-3268-5651
　　　　　営業部 ☎03-3268-5161　　振替 00170-1-25349
　　　　　　　　　　　　　　　　　　https://www.njg.co.jp/

　　　　　　　　　　　　印　刷／木元省美堂　製　本／若林製本

ISBN 978-4-534-05960-4　Printed in JAPAN

ビル・ゲイツの幸せになる質問
もしも1日200円しか使えなかったら？

中谷昌文 著
定価 1430 円（税込）

一人ひとりの行動で世界が変わることを伝える。ビル・ゲイツの質問の言葉から、すべてを与えたリンゴの木まで。思わず人に話したくなる感動的なエピソードが満載な一冊。

最速で結果を出す
「SNS動画マーケティング」実践講座

天野裕之 著
定価 2420 円（税込）

後発組でもまだ間に合う！ SNS動画の手法や、動画とその他SNSを"掛け合わせた"戦略！ 「ショート／ロング動画の使い分け」「ライブ」などの全技術を紹介した決定版！

「他人に振り回される私」が
一瞬で変わる本
相手のタイプを知って"伝え方"を変える
コミュニケーション心理学

山本千儀 著
定価 1540 円（税込）

生まれ持つ気質を中心にイラストで、【もう、他人に振り回されない！】術を解説。人間関係（パートナー、コミュニティ、上司部下、親子、HSPなど）が気になる人へ。

定価変更の場合はご了承ください。